Die Erfindung des Einhorns

Reinheit, Güte und Anmut

Eine Betrachtung

von

Lutz Spilker

DIE ERFINDUNG DES EINHORNS – REINHEIT, GÜTE UND ANMUT

Bibliografische Information der Deutschen Nationalbibliothek:
Die Deutsche Nationalbibliothek verzeichnet diese Publikation in der Deutschen Nationalbibliografie; detaillierte bibliografische Daten sind im Internet über http://dnb.dnb.de abrufbar.

Softcover ISBN: 978-3-384-29175-2
Ebook ISBN: 978-3-384-29176-9

© 2024 by Lutz Spilker
https://www.webbstar.de
Druck und Distribution im Auftrag des Autors:
tradition GmbH, An der Strusbek 10, 22926 Ahrensburg, Germany

Die im Buch verwendeten Grafiken entsprechen den
Nutzungsbestimmungen der Creative-Commons-Lizenzen (CC).

Inhalt

Die Wahrheit schmilzt jeden Zauber - Immer!

Filmzitat

Das letzte Einhorn (Originaltitel: The Last Unicorn) ist ein Zeichentrickfilm
von Jules Bass und Arthur Rankin Jr. aus dem Jahr 1982
nach dem gleichnamigen Roman von Peter S. Beagle.

Vorwort

Liebe Leserinnen und Leser,

Einhörner haben seit Jahrhunderten die Fantasie der Menschheit beflügelt. Diese majestätischen Wesen, die in zahlreichen Mythen, Legenden und Kunstwerken auftauchen, sind ein Symbol für Reinheit, Unschuld und Magie. Doch was steckt wirklich hinter diesen faszinierenden Kreaturen? Woher stammt der Glaube an Einhörner, und warum haben sie einen so festen Platz in unserer Kultur eingenommen? Dieses Buch, ›Die Erfindung des Einhorns‹, begibt sich auf eine Reise durch die Geschichte, um die Ursprünge und die Entwicklung dieses bemerkenswerten Mythos zu erforschen.

Ursprung und Entwicklung des Einhorn-Mythos:

Der Glaube an Einhörner hat tiefe Wurzeln, die bis in die Antike zurückreichen. Bereits in den Schriften der alten Griechen und Römer finden sich Berichte über einhornähnliche Wesen. So beschrieb der griechische Historiker Ctesias im 5. Jahrhundert v. Chr. ein Tier, das er in Indien gesehen haben wollte: ein wildes Wesen mit einem einzelnen Horn auf der Stirn. Solche Berichte fanden Eingang in die Werke anderer antiker Autoren wie Aristoteles und Plinius dem Älteren, die das Bild des Einhorns weiter festigten und verbreiteten.

Mittelalterliche Symbolik und christliche Allegorien:

Im Mittelalter erlebte der Einhorn-Mythos eine Blütezeit. In dieser Epoche wurde das Einhorn zu einem Symbol für Reinheit und Unschuld, oft eng verbunden mit christlichen Allegorien. In mittelalterlichen Bestiarien, den Tierbüchern dieser Zeit, wurde das Einhorn als ein Wesen beschrieben, das nur von einer Jungfrau gezähmt werden konnte – ein Symbol für die unberührte Reinheit der Jungfrau Maria. Diese Darstellungen fanden Eingang in die Kunst und Literatur des Mittelalters und trugen zur Verbreitung und Popularität des Einhorns bei.

Magische und heilende Kräfte:

Ein weiterer faszinierender Aspekt des Einhorn-Mythos sind die ihm zugeschriebenen magischen und heilenden Kräfte. Es wurde geglaubt, dass das Horn des Einhorns, das sogenannte ›Alicorn‹, die Fähigkeit besitze, Gifte zu neutralisieren und Krankheiten zu heilen. Diese Vorstellung war so weit verbreitet, dass Narwal-Stoßzähne, die aufgrund ihrer spiralförmigen Struktur oft für Einhornhörner gehalten wurden, zu hohen Preisen gehandelt wurden. Könige und Adelige schmückten sich mit Bechern und Schmuckstücken, die angeblich aus Einhornhorn gefertigt waren, um sich vor Vergiftungen zu schützen.

Wissenschaftliche Missverständnisse und reale Vorbilder:

Die Geschichten und Berichte über Einhörner wurden oft durch Missverständnisse und Fehlinterpretationen realer Tiere befeuert. So könnten antike und mittelalterliche Beschreibungen von Einhörnern auf Sichtungen exotischer Tiere wie dem Indischen Nashorn oder dem Oryx (Antilopenart) basieren. Diese Tiere besitzen charakteristische Hörner, die aus der Ferne betrachtet oder durch mündliche Überlieferungen leicht zu dem Bild eines einhörnigen Wesens verfälscht werden konnten. Ebenso trugen die Narwale, deren Stoßzähne als Einhornhörner gehandelt wurden, zur Mystifizierung dieser Wesen bei.

Moderne Interpretationen und die Popkultur:

Im Laufe der Jahrhunderte hat sich das Bild des Einhorns stetig weiterentwickelt. In der modernen Popkultur haben Einhörner einen festen Platz eingenommen, sei es in Filmen, Büchern, Spielzeug oder Mode. Diese modernen Darstellungen sind oft bunter und verspielter, doch sie tragen weiterhin die Essenz der alten Mythen in sich: die Vorstellung von etwas Seltenem, Reinem und Magischem. Einhörner sind zu einem Symbol für Fantasie und Träume geworden, das Menschen aller Altersgruppen fasziniert und inspiriert.

Ziel dieses Buches:

›Die Erfindung des Einhorns‹ zielt darauf ab, die vielschichtigen Ursprünge und die Entwicklung des Einhorn-Mythos umfassend zu beleuchten. Von den antiken Berichten und mittelalterlichen Bestiarien über wissenschaftliche Missverständnisse bis hin zu modernen Interpretationen verfolgt dieses Buch die Spuren des Einhorns durch die Geschichte. Es lädt die Leser ein, die kulturellen und symbolischen Bedeutungen zu erkunden, die dieses faszinierende Wesen umgeben, und darüber nachzudenken, warum das Einhorn bis heute eine so starke Anziehungskraft ausübt.

Die Reise durch die Welt der Einhörner ist eine Reise durch die Geschichte der menschlichen Fantasie. Es ist eine Geschichte von Glauben, Symbolik und der Sehnsucht nach dem Wunderbaren. ›Die Erfindung des Einhorns‹ möchte diese Geschichte erzählen und dabei die Magie und das Mysterium bewahren, das das Einhorn seit jeher umgibt. Möge dieses Buch Ihnen, lieber Leser, neue Einblicke und ein tieferes Verständnis für eines der schönsten und faszinierendsten Geschöpfe unserer Mythologie bringen.

Mit herzlichen Grüßen,

Lutz Spilker

Einleitung: Die Faszination des Einhorns

Die ewige Anziehungskraft des Einhorns

Seit Menschengedenken üben Einhörner eine unvergleichliche Anziehungskraft auf uns aus. Diese mystischen Wesen, in der Regel als weiße Pferde mit einem einzigen, spiralförmigen Horn auf der Stirn dargestellt, sind weit mehr als nur Figuren aus Märchen und Legenden. Sie verkörpern Reinheit, Unschuld und die Magie des Unerklärlichen. Die Faszination für Einhörner zieht sich durch die Jahrhunderte, von den antiken Berichten der Griechen und Römer bis hin zu den bunt schillernden Darstellungen in der modernen Popkultur. Doch warum übt das Einhorn eine so starke Faszination auf uns aus? Was steckt hinter dem Mythos, und wie hat er sich über die Zeit hinweg entwickelt?

Das Ziel dieses Buches

›Die Erfindung des Einhorns‹ möchte Sie, lieber Leser, auf eine tiefgehende Reise durch die Geschichte und die kulturellen Interpretationen des Einhorns mitnehmen. Unser Ziel ist es, die Ursprünge dieses faszinierenden Wesens zu ergründen und die verschiedenen Facetten seiner Darstellung in den unterschiedlichen Epochen und Kulturen zu beleuchten. Dabei wollen wir nicht nur die mythischen und symbolischen Aspekte des Einhorns erforschen, sondern auch die wissenschaftlichen und historischen Kontexte, die zu seiner Legendenbildung beigetragen haben.

Dieses Buch zielt darauf ab, die komplexe Geschichte des Einhorns zu entwirren, indem es historische Berichte, künstlerische Darstellungen und wissenschaftliche Theorien zusammenführt. Sie werden entdecken, wie das Einhorn in der antiken Welt beschrieben wurde, wie es im Mittelalter als Symbol der Reinheit und Unschuld diente und wie es in der modernen Zeit als Ikone der Popkultur wiedergeboren wurde. Wir werden Mythen und Fakten gegenüberstellen, um ein umfassendes Bild zu zeichnen und den Leser dazu einzuladen, sich eine eigene Meinung über die Existenz und Bedeutung des Einhorns zu bilden.

Ein Überblick über die Struktur des Buches

›Die Erfindung des Einhorns‹ ist chronologisch strukturiert und folgt den Spuren des Einhorns von seinen ersten Erwähnungen bis zur Gegenwart. In den ersten Kapiteln begeben wir uns in die Welt der Antike, wo Historiker und Naturforscher wie Ctesias und Plinius der Ältere erste Berichte über einhornähnliche Wesen verfassten. Diese frühen Darstellungen, oft geprägt von Missverständnissen und exotischen Berichten, legten den Grundstein für die späteren Mythen.

Im Mittelalter erlebte das Einhorn eine bedeutende Transformation. Es wurde zum Symbol christlicher Tugenden und fand Eingang in religiöse Allegorien und Kunstwerke. Bestiarien, die Tierbücher des Mittelalters, beschrieben das Einhorn als ein Wesen, das nur von einer Jungfrau gezähmt werden konnte – eine deutliche Anspielung auf die Jungfrau Maria und die Reinheit.

In der Renaissance und der frühen Neuzeit rückte das Einhorn erneut in den Fokus, diesmal als Objekt wissenschaftlicher und alchemistischer Studien. Narwal-Stoßzähne, die für Einhornhörner gehalten wurden, galten als kostbare Besitztümer und wurden als Heilmittel und magische Artefakte gehandelt. Diese Kapitel beleuchten die faszinierende Welt der Alchemie und die Suche nach dem Stein der Weisen, in der das Einhorn eine nicht unerhebliche Rolle spielte.

Mit dem Aufkommen der Aufklärung und der modernen Wissenschaft veränderte sich die Wahrnehmung des Einhorns. Es wurde zunehmend als Fabelwesen betrachtet, während Zoologen und Naturforscher begannen, die wahren Ursprünge der Einhornlegenden zu erforschen. Berichte über das Indische Nashorn und andere einhornähnliche Tiere trugen dazu bei, den Mythos wissenschaftlich zu dekonstruieren.

Das 19. und 20. Jahrhundert brachten neue Interpretationen und Darstellungen des Einhorns mit sich. Romantische Schriftsteller und Künstler griffen den Mythos auf und verliehen ihm neue Bedeutungen. In der modernen Popkultur erlebt das Einhorn eine Renaissance, sei es in Filmen, Büchern, Spielzeug oder Mode. Einhörner sind heute Symbole für Fantasie und Träume, die Menschen jeden Alters faszinieren.

Die Reise beginnt:

Während Sie dieses Buch lesen, werden Sie feststellen, dass das Einhorn mehr ist als nur eine Figur aus Märchen. Es ist ein Spiegelbild der menschlichen Sehnsucht nach dem Wunderbaren, nach etwas, das über das Alltägliche hinausgeht. Es symbolisiert unsere Hoffnungen, Träume und die ewige Suche nach dem Unerklärlichen. ›Die Erfindung des Einhorns‹ lädt Sie ein, diese tiefen und vielschichtigen Bedeutungen zu entdecken und die Magie des Einhorns aus einer neuen Perspektive zu betrachten.

Lassen Sie sich auf diese faszinierende Reise ein. Tauchen Sie ein in die Welt der Einhörner, erfahren Sie mehr über ihre Geschichte und ihre kulturelle Bedeutung und entscheiden Sie selbst, ob Sie an die Magie dieser wundersamen Wesen glauben wollen. Die Reise durch die Welt der Einhörner ist eine Reise durch die Geschichte der menschlichen Fantasie und Kreativität – eine Reise, die Sie verzaubern und inspirieren wird.

Früheste Erwähnungen

und antike Berichte

Ctesias und das Indische Einhorn

Die Geschichte der Einhörner beginnt tief in der Antike, in einer Zeit, in der die Grenzen zwischen Realität und Mythos oft fließend waren. Einer der frühesten Berichte über ein einhornähnliches Wesen stammt vom griechischen Historiker und Arzt Ctesias, der im 5. Jahrhundert v. Chr. lebte. Ctesias diente am Hof des persischen Königs Artaxerxes II. und verfasste das Werk ›Indika,‹ eine Beschreibung der Wunder und Seltsamkeiten Indiens, basierend auf Erzählungen und möglicherweise auf eigenen Beobachtungen.

In seinem ›Indika‹ beschreibt Ctesias ein faszinierendes Wesen, das er als ›Monokeros‹ bezeichnet, was wörtlich ›Ein-Horn‹ bedeutet. Dieses Tier soll in Indien beheimatet sein und ähnelt in vielerlei Hinsicht dem, was wir heute als Einhorn kennen. Es wird als ein großes, wildes Tier beschrieben, das die Größe eines Pferdes hat und ein einzelnes Horn auf der Stirn trägt. Ctesias schildert das Horn als etwa anderthalb Ellen (ungefähr 68 cm) lang und in den Farben weiß, rot und schwarz gesprenkelt.

Ctesias' Beschreibungen betonen auch die außergewöhnlichen Eigenschaften des Horns. Ihm werden heilende Kräfte zugeschrieben, insbesondere die Fähigkeit, Gift zu neutralisieren. Diese Vorstellung verankerte sich tief in den späteren Einhornmythen und trug zur Legende vom ›Alicorn‹ – dem magischen Einhornhorn – bei.

Wissenschaftler gehen heute davon aus, dass Ctesias wahrscheinlich das Indische Nashorn (Rhinoceros unicornis) beschrieb, ein Tier, das tatsächlich ein einziges Horn auf der Stirn trägt. Aus der Ferne betrachtet und durch die Brille exotischer Erzählungen könnte das Nashorn leicht zu einem Einhorn geworden sein. Diese frühe Vermischung von Beobachtung und Mythos legte den Grundstein für die Legende, die in den folgenden Jahrhunderten weiter wuchs und sich veränderte.

Plinius der Ältere und die Naturgeschichte

Ein weiterer bedeutender antiker Bericht stammt von Plinius dem Älteren, einem römischen Gelehrten und Autor des umfassenden Werks ›Naturalis Historia‹ (Naturgeschichte). Dieses enzyklopädische Werk aus dem 1. Jahrhundert n. Chr. versammelt das Wissen seiner Zeit über Naturphänomene, Tiere, Pflanzen, Mineralien und mehr. Plinius stützte sich dabei auf Berichte und Erzählungen, die er aus verschiedenen Quellen sammelte, einschließlich der Werke von Ctesias.

In der ›Naturalis Historia‹ beschreibt Plinius das Einhorn (lat. monoceros) als ein furchterregendes Tier, das in Indien lebt. Er beschreibt es als eine Mischung aus Pferd, Elefant und Wildschwein, mit einem einzigen, langen, schwarzen Horn auf der Stirn. Auch Plinius wiederholt die Überlieferungen über die erstaunlichen Kräfte des Horns, insbesondere dessen Fähigkeit, Gifte zu neutralisieren und Krankheiten zu heilen.

Plinius' Werk hatte einen enormen Einfluss auf das Wissen und die Vorstellungen des Mittelalters. Die ›Naturalis Historia‹ wurde über Jahrhunderte hinweg als maßgebliche Quelle für naturkundliches Wissen angesehen, und seine Beschreibungen des Einhorns trugen wesentlich zur Festigung und Verbreitung des Mythos bei. Wie bei Ctesias ist auch bei Plinius die Vermutung stark, dass er Berichte über das Indische Nashorn verarbeitete, angereichert mit mythologischen Elementen und Erzählungen.

Die Entstehung eines Mythos

Die Berichte von Ctesias und Plinius zeigen, wie sich der Einhorn-Mythos aus einer Mischung von Beobachtungen, Missverständnissen und fantasievollen Erzählungen entwickelte. Diese frühen Beschreibungen schufen ein Bild, das sowohl auf realen Tieren als auch auf der menschlichen Vorstellungskraft beruhte.

In einer Zeit, in der das Wissen über ferne Länder und exotische Tiere oft auf Berichte von Reisenden und Händlern basierte, wurden reale Tiere wie das Nashorn leicht zu wundersamen Kreaturen stilisiert. Der exotische Ursprung dieser Berichte – das ferne, mysteriöse Indien – verlieh ihnen zusätzliche Glaubwürdigkeit und Faszination.

Die Vorstellung eines einhornähnlichen Wesens, das sowohl majestätisch als auch furchterregend war, sprach die Fantasie der Menschen an und bot einen reichhaltigen Nährboden für weitere Legenden und Geschichten. Das Einhorn, wie es von Ctesias und Plinius beschrieben wurde, verkörperte die Sehnsucht nach dem Wunderbaren und Unerklärlichen – Eigenschaften, die das Einhorn auch in den folgenden Jahrhunderten weiterhin faszinierend und geheimnisvoll erscheinen ließen.

Diese frühen Berichte und die Mythen, die sich daraus entwickelten, sind ein Zeugnis für die Macht der menschlichen Vorstellungskraft und die Art und Weise, wie Geschichten und Legenden über Generationen hinweg weitergegeben und transformiert werden. Sie zeigen auch, wie eng Realität und Mythos miteinander verwoben sind, und wie das Streben nach Wissen und das Bedürfnis nach Fantasie oft Hand in Hand gehen.

Einhörner in der Antike

Griechische und römische Darstellungen

Die antike Welt war von einer unstillbaren Neugier und einer tiefen Faszination für das Unbekannte geprägt. Dies spiegelte sich in den vielen Berichten über exotische Tiere und wundersame Wesen wider, die durch die Geschichten und Mythen jener Zeit geisterten. Unter diesen fantastischen Kreaturen stach das Einhorn besonders hervor, und seine Darstellung in der griechischen und römischen Literatur trug wesentlich zur Entstehung und Verbreitung des Einhorn-Mythos bei.

Die Griechen und Römer waren begeisterte Sammler von Wissen über fremde Länder und Kulturen, und ihre Berichte basierten oft auf Erzählungen von Reisenden und Händlern, die weit entfernte Regionen besucht hatten. Das Einhorn, oder ›Monokeros‹ (ein Begriff, der von den Griechen geprägt wurde), fand seinen Weg in die Literatur durch solche Berichte. Der griechische Arzt Ctesias, der im 5. Jahrhundert v. Chr. am persischen Hof diente, schrieb in seinem Werk ›Indika‹ über ein einhornähnliches Wesen, das er in Indien verortete. Diese Schilderungen, die auf Erzählungen von Reisenden beruhten, waren eine Mischung aus Realität und Fantasie, die den Grundstein für den Einhorn-Mythos legten.

In der römischen Welt wurde der Mythos des Einhorns weiter gefestigt durch die Schriften von Plinius dem Älteren. In seinem monumentalen Werk ›Naturalis Historia‹ (Naturgeschichte) beschreibt Plinius das Einhorn als ein furchterregendes, aber zugleich faszinierendes Wesen. Er erwähnt die heilenden Kräfte des Horns, insbesondere seine Fähigkeit, Gifte zu neutralisieren – eine Eigenschaft, die das Einhornhorn zu einem begehrten und kostbaren Artefakt machte. Diese Vorstellung von einem magischen, heilenden Horn verstärkte die mystische Aura des Einhorns und machte es zu einem Symbol für Reinheit und Schutz.

Die Darstellungen in der griechischen und römischen Literatur spiegeln nicht nur die Faszination für exotische Tiere wider, sondern auch die Bereitschaft, das Unbekannte mit fantastischen Eigenschaften zu versehen. Diese Berichte wurden oft ohne kritische Prüfung übernommen und weiterverbreitet, wodurch sich der Mythos des Einhorns in der antiken Welt fest verankerte.

Einhornähnliche Wesen in anderen antiken Kulturen

Doch nicht nur in der griechischen und römischen Welt existierten Berichte über einhornähnliche Wesen. Auch in anderen antiken Kulturen finden sich faszinierende Darstellungen von Kreaturen, die dem Einhorn ähneln.

In der altindischen Mythologie gibt es Erwähnungen von einhornähnlichen Wesen, die als ›Ekaśṛṅga‹ bezeichnet werden. Diese Kreaturen wurden oft in Verbindung mit Reinheit und spiritueller Weisheit gebracht. Ein bekanntes Beispiel ist das ›Ekaśṛṅga Rishi‹, ein heiliger Weiser mit einem einzigen Horn, der in den hinduistischen Texten vorkommt. Diese Darstellungen könnten die Berichte beeinflusst haben, die Ctesias und andere westliche Autoren erreichten und in ihren Schriften verewigten.

Auch in der chinesischen Kultur finden sich Hinweise auf einhornähnliche Wesen. Das ›Qilin‹ ist ein mythisches Tier, das oft als Mischwesen beschrieben wird, mit dem Körper eines Rehs, dem Schwanz eines Ochsen, den Hufen eines Pferdes und einem einzelnen Horn auf der Stirn. Das Qilin galt als ein Omen für Frieden und Wohlstand und war ein Symbol für Gerechtigkeit und Weisheit. Diese chinesischen Legenden könnten ebenfalls Einfluss auf die Vorstellungen der westlichen Welt gehabt haben, insbesondere durch den Austausch von Handelsgütern und Geschichten entlang der Seidenstraße.

In Mesopotamien, einer der ältesten Kulturen der Welt, gibt es ebenfalls Darstellungen von einhornähnlichen Wesen. Sie tauchen in der Kunst und der Literatur auf und sind oft mit Göttinnen und göttlichen Kräften verbunden. Diese Wesen, die sowohl Schutz als auch Zerstörung bringen konnten, spiegeln die dualistische Natur wider, die dem Einhorn in späteren Mythen zugeschrieben wurde.

Diese Berichte aus verschiedenen Kulturen zeigen, wie weit verbreitet und tief verwurzelt die Vorstellung von einhornähnlichen Wesen in der antiken Welt war. Sie verdeutlichen auch, wie der Mythos des Einhorns durch den Austausch von Geschichten und Legenden über kulturelle und geografische Grenzen hinweg entstand und wuchs.

Der gemeinsame Nenner

Die Geschichten und Darstellungen von einhornähnlichen Wesen in der Antike, ob in der griechischen, römischen, indischen, chinesischen oder mesopotamischen Kultur, weisen bemerkenswerte Gemeinsamkeiten auf. Sie alle beschreiben ein magisches Wesen mit einem einzelnen Horn, das außergewöhnliche Kräfte besitzt. Diese universellen Merkmale deuten darauf hin, dass das Einhorn als Symbol für etwas Größeres stand – für die Sehnsucht nach dem Wunderbaren, das Streben nach Wissen und die Suche nach dem Heiligen und Reinen.

Die antiken Berichte über Einhörner sind ein faszinierendes Beispiel dafür, wie Mythen entstehen und sich über die Zeit hinweg entwickeln. Sie zeigen, dass das Einhorn mehr ist als nur ein fantastisches Geschöpf; es ist ein Spiegelbild der menschlichen Vorstellungskraft und unserer tiefsten Wünsche und Träume. Die verschiedenen Darstellungen in der antiken Welt legten den Grundstein für die spätere Symbolik des Einhorns, das bis heute als Inbegriff von Reinheit, Magie und Unschuld gilt.

In den nächsten Kapiteln werden wir sehen, wie diese frühen Mythen und Legenden weiterentwickelt und in neuen Kontexten interpretiert wurden. Von den Bestiarien des Mittelalters bis hin zur modernen Popkultur hat das Einhorn eine bemerkenswerte Reise hinter sich, die seine anhaltende Faszination und Bedeutung unterstreicht.

Das Einhorn im Mittelalter

Bestiarien und mittelalterliche Tierbücher

Mit dem Beginn des Mittelalters erlebte die westliche Welt eine Renaissance der Tierdarstellungen, die als Bestiarien bekannt wurden. Diese mittelalterlichen Tierbücher waren nicht nur Kompendien der Fauna, sondern auch moralische und religiöse Lehrmittel, die symbolische Bedeutungen und christliche Tugenden vermitteln sollten. In diesen Bestiarien fand das Einhorn einen prominenten Platz, und seine Darstellung half dabei, den Mythos weiter zu festigen und zu verbreiten.

Bestiarien waren im Mittelalter weit verbreitet und beliebt. Sie stützten sich auf antike Quellen wie die ›Naturalis Historia‹ von Plinius dem Älteren, aber auch auf lokale Legenden und christliche Symbolik. Das Einhorn, bekannt als ›Unicornis‹, wurde in diesen Büchern oft als ein wildes, unzähmbares Tier beschrieben, das nur von einer Jungfrau gezähmt werden konnte. Diese Vorstellung wurde durch eine christliche Allegorie verstärkt: Das Einhorn stand symbolisch für Christus, die Jungfrau Maria und die Verkörperung der Reinheit und Unschuld.

Ein berühmtes Beispiel für diese Darstellungen ist das Physiologus, ein früher christlicher Naturführer aus dem 2. Jahrhundert, der im Mittelalter großen Einfluss hatte. In ihm wird das Einhorn als ein kleines, wildes Tier beschrieben, das im

Schoß einer Jungfrau Zuflucht sucht. Diese Szene wurde häufig als eine Anspielung auf die Jungfrau Maria und die Empfängnis Christi interpretiert. Das Einhorn wurde somit zu einem Symbol für das göttliche Wunder und die Erlösung.

Die Bestiarien des Mittelalters zeichneten das Einhorn oft mit einem langen, spiralförmigen Horn, das ihm magische Kräfte verlieh. Dieses Horn, das ›Alicorn‹, galt als Heilmittel gegen Krankheiten und als Schutz vor Gift. Es war ein begehrtes Artefakt und wurde in vielen europäischen Höfen hoch geschätzt. Es wird vermutet, dass viele der angeblichen Einhornhörner in Wirklichkeit die Stoßzähne von Narwalen waren, die durch den Handel mit Skandinavien nach Europa gelangten. Die exotische Herkunft und die Seltenheit dieser Hörner trugen zur mystischen Aura des Einhorns bei.

Die symbolische Bedeutung des Einhorns

Im Mittelalter erlangte das Einhorn eine tiefgreifende symbolische Bedeutung, die weit über seine physische Erscheinung hinausging. Es wurde zum Inbegriff der Tugenden und Ideale, die in der christlichen Gesellschaft hoch geschätzt wurden. Seine Darstellung in Kunst, Literatur und Religion spiegelte die Sehnsucht nach Reinheit, Unschuld und göttlichem Schutz wider.

Das Einhorn als Symbol der Reinheit war eng mit der Jungfrau Maria verbunden. Die mittelalterlichen Christen sahen in der Szene des Einhorns, das sich im Schoß einer Jungfrau niederlässt, eine Parallele zur Empfängnis Jesu durch die Jungfrau

Maria. Das Einhorn wurde somit zum Symbol für die Inkarnation Christi und die göttliche Reinheit. Diese Interpretation fand ihren Ausdruck in zahlreichen mittelalterlichen Kunstwerken, von Wandteppichen bis hin zu Manuskriptilluminationen.

Ein weiteres zentrales Symbol des Einhorns war seine Assoziation mit der Heilung und dem Schutz. Das Horn des Einhorns, das Alicorn, galt als mächtiges Heilmittel. Diese Vorstellung basierte auf den antiken Berichten von Ctesias und Plinius und wurde im Mittelalter weiter ausgebaut. Das Alicorn sollte in der Lage sein, Gifte zu neutralisieren und Krankheiten zu heilen. Diese Symbolik machte das Einhornhorn zu einem begehrten und kostbaren Gut, das in den Schatzkammern vieler Fürstenhäuser zu finden war. Es war ein Zeichen für Macht und Schutz und unterstrich die Verbindung zwischen weltlicher und göttlicher Autorität.

Das Einhorn spielte auch eine Rolle in der höfischen Literatur des Mittelalters. In den Ritterromanzen und Minneliedern wurde das Einhorn oft als ein edles, wildes Tier dargestellt, das nur durch reine Liebe und Tugend gezähmt werden konnte. Diese Darstellungen reflektierten die Ideale der Ritterlichkeit und der romantischen Liebe, die in der höfischen Kultur hoch geschätzt wurden. Das Einhorn wurde zu einem Symbol für die unerreichbare, ideale Liebe und die Tugendhaftigkeit des edlen Ritters.

Die symbolische Bedeutung des Einhorns war tief in die mittelalterliche Gesellschaft eingebettet. Es verkörperte die Ideale von Reinheit, Heilung und göttlichem Schutz und war ein lebendiger Teil der religiösen und kulturellen Vorstellungswelt. Diese Symbolik überdauerte die Jahrhunderte und hinterließ einen bleibenden Eindruck, der weit über das Mittelalter hinausreichte.

Dieses Kapitel beleuchtet die Rolle des Einhorns im Mittelalter, sowohl in den Bestiarien und Tierbüchern als auch in seiner symbolischen Bedeutung. Es zeigt, wie das Einhorn zu einem wichtigen Teil der mittelalterlichen Kultur und Religion wurde und wie es die Vorstellungskraft der Menschen dieser Zeit prägte. In den folgenden Kapiteln werden wir sehen, wie diese mittelalterlichen Vorstellungen in die Renaissance und die moderne Zeit übertragen wurden und das Bild des Einhorns weiter formten.

Christliche Allegorien und das Einhorn

Das Einhorn als Symbol für Reinheit und Unschuld

Im Mittelalter wurde das Einhorn nicht nur als ein faszinierendes mythisches Wesen betrachtet, sondern es erlangte auch eine tiefere, symbolische Bedeutung in der christlichen Kultur. Das Einhorn wurde zum Inbegriff von Reinheit und Unschuld, Eigenschaften, die in der christlichen Lehre hoch geschätzt wurden. Diese Symbolik fand ihren Ausdruck in der Literatur, der Kunst und den theologischen Schriften jener Zeit.

Die Darstellung des Einhorns als Symbol der Reinheit geht auf verschiedene Quellen zurück, die seine einzigartigen Eigenschaften hervorhoben. In den mittelalterlichen Bestiarien wurde das Einhorn als ein wildes, aber reines Geschöpf beschrieben, das nur von einer Jungfrau gezähmt werden konnte. Diese Darstellung betonte die unberührte und heilige Natur des Einhorns und verband es mit der Vorstellung von moralischer und spiritueller Reinheit.

In der christlichen Symbolik repräsentierte das Einhorn die ideale Reinheit, die von den Gläubigen angestrebt wurde. Es war ein Sinnbild für die Unschuld der Seele, die durch Sünde nicht befleckt war. Diese Assoziation wurde durch die Geschichte des Einhorns verstärkt, das sich nur im Schoß einer Jungfrau niederlässt, ein Bild, das als Allegorie für die jungfräuliche Reinheit und den unberührten Zustand der Seele gedeutet wurde.

Die Reinheit des Einhorns wurde auch in der mittelalterlichen Kunst dargestellt. Gemälde, Skulpturen und Manuskriptilluminationen zeigten oft das Einhorn in idyllischen, unberührten Landschaften, umgeben von Symbolen der Reinheit wie weißen Lilien oder klaren Quellen. Diese Darstellungen verstärkten die Vorstellung des Einhorns als ein heiliges und reines Wesen, das eine tiefe spirituelle Bedeutung trug.

Die Verbindung zur Jungfrau Maria

Eine der stärksten und einflussreichsten Verbindungen des Einhorns in der christlichen Allegorie ist die zur Jungfrau Maria. In der christlichen Ikonographie und Theologie spielte Maria eine zentrale Rolle als die Mutter Jesu und als Symbol der reinen, unbefleckten Empfängnis. Das Einhorn, mit seiner Symbolik der Reinheit und Unschuld, wurde häufig in Verbindung mit Maria dargestellt, wodurch es eine noch tiefere religiöse Bedeutung erhielt.

In den mittelalterlichen Darstellungen wurde das Einhorn oft gezeigt, wie es sich im Schoß einer Jungfrau niederlässt. Diese Szene, bekannt als ›Die Jungfrau und das Einhorn‹, wurde als Symbol für die Verkündigung und die Empfängnis Jesu durch die Jungfrau Maria interpretiert. Das Einhorn, das sich nur von einer Jungfrau zähmen lässt, wurde zum Symbol für die göttliche Empfängnis und die Reinheit Marias.

Ein besonders einflussreiches Werk, das diese Verbindung illustriert, ist das ›Einhorn in Gefangenschaft‹, ein berühmter Wandteppich aus dem späten Mittelalter. Der Wandteppich zeigt ein Einhorn, das sich im Schoß einer Jungfrau niederlässt, umgeben von einer üppigen, paradiesischen Landschaft. Diese Darstellung betont nicht nur die Reinheit des Einhorns, sondern auch die göttliche und heilige Natur der Jungfrau Maria. Der Wandteppich wurde als eine bildliche Darstellung der Unbefleckten Empfängnis und der göttlichen Liebe betrachtet.

In der christlichen Theologie wurde das Einhorn auch als Symbol für Christus selbst gesehen. Die Geschichte des Einhorns, das von einer Jungfrau gezähmt wird, wurde als Parallele zur Verkündigung und Geburt Jesu interpretiert. Christus, der als das ›Lamm Gottes‹ bezeichnet wird, teilt viele symbolische Eigenschaften mit dem Einhorn, wie Reinheit, Unschuld und die Fähigkeit, Heilung und Erlösung zu bringen. Diese allegorische Verbindung verstärkte die religiöse Bedeutung des Einhorns und machte es zu einem zentralen Symbol in der christlichen Kunst und Literatur.

Die Symbolik des Einhorns in Verbindung mit der Jungfrau Maria hatte tiefgreifende Auswirkungen auf die christliche Kunst und Kultur des Mittelalters. Diese Darstellungen fanden sich in Kirchenfenstern, Altargemälden und Manuskriptillustrationen wieder, und sie trugen dazu bei, die spirituellen und moralischen Ideale der christlichen Gesellschaft zu vermitteln. Die Reinheit und Unschuld des Einhorns wurden zu einem mächtigen Symbol für die göttliche Gnade und die heilige Natur der Jungfrau Maria.

Fazit:

Die Verbindung des Einhorns mit christlichen Allegorien und insbesondere mit der Jungfrau Maria zeigt, wie tief verwurzelt und vielschichtig die Symbolik dieses mythischen Wesens im Mittelalter war. Das Einhorn wurde nicht nur als ein faszinierendes und exotisches Tier betrachtet, sondern auch als ein mächtiges Symbol für Reinheit, Unschuld und göttliche Gnade. Diese christlichen Allegorien trugen wesentlich zur Verbreitung und Festigung des Einhorn-Mythos bei und hinterließen einen bleibenden Eindruck in der religiösen und kulturellen Vorstellungswelt des Mittelalters.

In den folgenden Kapiteln werden wir untersuchen, wie diese mittelalterlichen Darstellungen und Symbole das Bild des Einhorns in der Renaissance und der modernen Zeit beeinflussten und wie sie bis heute in der Popkultur und der kollektiven Vorstellungskraft weiterleben.

Magische und heilende
Kräfte des Einhornhorns

Glaube an die Heilkräfte des Alicorns

Die Vorstellung von magischen und heilenden Kräften, die dem Horn des Einhorns, dem sogenannten Alicorn, zugeschrieben wurden, spielte eine zentrale Rolle im Mythos dieses sagenumwobenen Wesens. Der Glaube an die wunderbaren Eigenschaften des Alicorns reicht bis in die Antike zurück und durchdrang das mittelalterliche Europa mit einer Mischung aus wissenschaftlicher Neugierde und mystischem Glauben.

Das Alicorn galt als ein mächtiges Heilmittel gegen eine Vielzahl von Krankheiten und Leiden. In mittelalterlichen Bestiarien und Naturkundebüchern wurde beschrieben, wie das Einhornhorn in der Lage sei, Gifte zu neutralisieren und somit Vergiftungen zu heilen. Diese Vorstellung war tief in der mittelalterlichen Medizin verwurzelt und führte dazu, dass Alicorn-Pulver in Apotheken und bei Heilern als kostbares und seltenes Mittel gehandelt wurde. Selbst Könige und Adlige besaßen oft Trinkgefäße oder andere Artefakte, die angeblich aus Einhornhorn gefertigt waren, um sich vor Vergiftungen zu schützen.

Die Symbolik des Alicorns als Heilmacht war nicht nur eine medizinische Überzeugung, sondern auch ein Zeichen für die Reinheit und Unschuld, die dem Einhorn selbst zugeschrieben wurden. Die Idee, dass ein so reines und göttliches Wesen wie das Einhorn die Fähigkeit besäße, Krankheiten zu heilen und das Leben zu schützen, verstärkte den Glauben an seine magischen Kräfte. Diese Vorstellungen fanden ihren Weg in die höfische Kultur und Literatur, wo das Einhornhorn als Symbol für göttliche Gnade und Heilung verehrt wurde.

Historische Anwendungen und Berichte

Die historische Anwendung des Alicorns erstreckt sich über mehrere Jahrhunderte und zeigt die tiefe Verwurzelung des Einhorn-Mythos in der europäischen Kultur. Berichte über die Nutzung des Einhornhorns lassen sich bis ins Mittelalter zurückverfolgen, wo es als ein vielseitiges Heilmittel angesehen wurde. Chroniken und medizinische Texte jener Zeit geben Aufschluss darüber, wie das Horn des Einhorns in verschiedenen Kontexten verwendet wurde.

Eine der prominentesten historischen Anwendungen des Alicorns war der Einsatz gegen Vergiftungen. Es wurde berichtet, dass Trinkgefäße aus Einhornhorn verwendet wurden, um vergiftetes Wasser oder Wein zu reinigen. Diese Gefäße waren in den Schatzkammern europäischer Fürstenhäuser sehr begehrt und galten als unschätzbar wertvoll. Der Glaube an die entgiftenden Eigenschaften des Alicorns führte sogar dazu, dass kleine Mengen des Horns pulverisiert und Speisen und

Getränken beigefügt wurden, um mögliche Gifte zu neutralisieren.

In medizinischen Texten des Mittelalters wird das Alicorn auch als Heilmittel gegen andere Leiden beschrieben. So soll es bei der Behandlung von Fieber, Krämpfen und Pest helfen. Ein berühmter Fallbericht stammt von Konrad von Megenberg, einem deutschen Naturforscher des 14. Jahrhunderts, der in seinem ›Buch der Natur‹ die heilenden Eigenschaften des Einhornhorns detailliert beschrieb. Diese Texte bezeugen den hohen Stellenwert, den das Alicorn in der mittelalterlichen Medizin einnahm.

Die Vorstellung von den heilenden Kräften des Alicorns hielt sich nicht nur im Mittelalter, sondern fand auch in der Renaissance und der frühen Neuzeit Anklang. In dieser Zeit begann man jedoch, die wissenschaftliche Grundlage dieser Überzeugungen zu hinterfragen. Einige Gelehrte und Naturforscher begannen, das Alicorn kritisch zu untersuchen und entdeckten, dass viele der vermeintlichen Einhornhörner in Wirklichkeit Stoßzähne von Narwalen waren. Trotz dieser Enthüllungen blieb der Glaube an die magischen Kräfte des Einhornhorns in weiten Teilen der Bevölkerung bestehen.

Die Berichte über die Nutzung und den Handel mit Alicorn zeugen von einer tiefen Faszination für das Einhorn und seine angeblichen Fähigkeiten. Historische Dokumente und Chroniken liefern uns heute wertvolle Einblicke in die Welt des Mittelalters und der frühen Neuzeit, in der das Einhornhorn als ein

Symbol für göttliche Heilung und Schutz verehrt wurde. Diese Überzeugungen spiegeln die Sehnsucht der Menschen nach Sicherheit und Reinheit wider und zeigen, wie Mythen und Legenden in das tägliche Leben und die medizinische Praxis integriert wurden.

Fazit:

Die magischen und heilenden Kräfte, die dem Alicorn zugeschrieben wurden, sind ein faszinierendes Beispiel dafür, wie tief verwurzelt und einflussreich der Einhorn-Mythos in der europäischen Kultur war. Der Glaube an die heilenden Eigenschaften des Einhornhorns prägte nicht nur die medizinische Praxis, sondern auch die Symbolik und den kulturellen Diskurs des Mittelalters und der frühen Neuzeit. Historische Berichte und Anwendungen des Alicorns zeugen von der anhaltenden Faszination und dem Wunsch der Menschen, die Wunder und Geheimnisse des Einhorns zu verstehen und zu nutzen.

In den kommenden Kapiteln werden wir weiter untersuchen, wie diese Vorstellungen über die Jahrhunderte hinweg transformiert und adaptiert wurden und welche Rolle das Einhorn in der modernen Zeit spielt. Die Erfindung des Einhorns ist eine Reise durch die menschliche Geschichte, die uns zeigt, wie Mythen und Legenden unsere Wahrnehmung der Welt formen und beeinflussen können.

Fälschungen und Missverständnisse

Narwal-Stoßzähne als Einhornhörner

Der Glaube an die magischen und heilenden Kräfte des Einhornhorns führte zu einer florierenden Nachfrage nach diesen vermeintlichen Wundermitteln. Doch die Realität hinter den kostbaren Hörnern war oft weniger mythisch und weit bodenständiger. Eine der größten und am weitesten verbreiteten Fälschungen betraf die Stoßzähne des Narwals, die als Einhornhörner verkauft wurden.

Narwale, geheimnisvolle Meeressäuger, die in den arktischen Gewässern leben, besitzen lange, spiralförmige Stoßzähne, die bis zu drei Meter lang werden können. Diese Stoßzähne, die vor allem bei den Männchen auftreten, wurden von frühen Entdeckern und Händlern in die Märkte Europas gebracht. Ihr ungewöhnliches Aussehen und ihre Seltenheit machten sie zu idealen Kandidaten für die Legende vom Einhorn.

Im Mittelalter und in der frühen Neuzeit wurden diese Narwal-Stoßzähne häufig als die Hörner echter Einhörner ausgegeben. Händler erzählten atemberaubende Geschichten über die Herkunft dieser ›Einhornhörner‹ und verlangten hohe Preise für sie. Die aristokratischen und königlichen Käufer, fasziniert von den Geschichten über die heilenden und magischen Kräfte der Hörner, zahlten bereitwillig die verlangten Summen.

Ein berühmtes Beispiel für diese Praxis ist die dänische Krone, die aus einem Narwal-Stoßzahn gefertigt wurde und jahrhundertelang als ein echtes Einhornhorn galt. Dieser und andere ähnliche Artefakte wurden als Beweise für die Existenz von Einhörnern und deren wunderbaren Eigenschaften angesehen. Die Wissenschaft der Zeit war noch nicht weit genug entwickelt, um die wahre Natur dieser ›Einhornhörner‹ zu enthüllen, und so blieben die Narwal-Stoßzähne lange Zeit ein lukratives Geschäft.

Andere Fälschungen und ihre Auswirkungen

Neben den Narwal-Stoßzähnen gab es auch andere Formen von Fälschungen und Missverständnissen, die zur Legende des Einhorns beitrugen. Einige davon betrafen tatsächlich bearbeitete oder gefälschte Tierknochen und Hörner, die von geschickten Handwerkern so modifiziert wurden, dass sie den Beschreibungen von Einhornhörnern entsprachen. Diese Artefakte wurden oft als Reliquien oder magische Gegenstände verkauft, was die Nachfrage und den Glauben an die Einhörner weiter anheizte.

Ein weiteres bekanntes Beispiel für eine solche Fälschung ist das sogenannte ›Lanzettenhorn‹, ein längliches, spitzes Horn, das angeblich von einem Einhorn stammte, in Wirklichkeit jedoch aus den Knochen anderer Tiere gefertigt wurde. Diese gefälschten Hörner wurden auf Jahrmärkten und in Kuriositätenkabinetten ausgestellt und zogen zahlreiche Schaulustige an, die bereit waren, für die Besichtigung und den Kauf dieser *wundersamen* Artefakte Geld zu bezahlen.

Die Auswirkungen dieser Fälschungen waren weitreichend. Sie trugen nicht nur zur Verbreitung und Festigung des Einhorn-Mythos bei, sondern beeinflussten auch die medizinische und wissenschaftliche Praxis. Ärzte und Apotheker, die glaubten, dass sie mit echten Einhornhörnern arbeiteten, verschrieben diese als Heilmittel gegen verschiedene Krankheiten und Vergiftungen. Der Glaube an die heilenden Kräfte des Alicorns war so stark, dass selbst nach der Entdeckung der wahren Herkunft vieler dieser Hörner die Überzeugung in ihrer Wirksamkeit nicht vollständig verschwand.

Die Fälschungen und Missverständnisse rund um das Einhorn spiegeln eine Zeit wider, in der Wissenschaft und Mythos oft ineinander übergingen. Die Menschen waren bereit, an das Wunderbare und Übernatürliche zu glauben, besonders wenn es Hoffnung und Heilung versprach. Diese Bereitschaft, das Unbekannte zu akzeptieren und zu verehren, führte dazu, dass die Legende des Einhorns und die damit verbundenen Geschichten über Jahrhunderte hinweg weiterlebten und weitergetragen wurden.

Fazit:

Die Geschichte der Narwal-Stoßzähne und anderer gefälschter Einhornhörner zeigt, wie leicht sich Mythen und Legenden in der menschlichen Vorstellungskraft verankern können. Die

Faszination für das Einhorn und seine angeblichen Kräfte war so stark, dass selbst offensichtliche Fälschungen oft als wahre Artefakte akzeptiert wurden. Diese Erzählungen und Überzeugungen trugen dazu bei, den Mythos des Einhorns lebendig zu halten und ihn in die moderne Zeit zu tragen.

In den nächsten Kapiteln werden wir untersuchen, wie diese Legenden und Mythen weiterentwickelt wurden und welche Rolle das Einhorn in der Renaissance, der Aufklärung und bis in die heutige Popkultur spielt. Die Erfindung des Einhorns ist nicht nur eine Geschichte von Fälschungen und Missverständnissen, sondern auch ein Zeugnis für die menschliche Sehnsucht nach dem Wunderbaren und Unbekannten.

Die Rolle des Einhorns in der Alchemie

Einhornhorn in der Alchemie und der Suche nach dem Stein der Weisen

Die Alchemie, eine geheimnisvolle Mischung aus Wissenschaft, Magie und Philosophie, blühte im Mittelalter und der Renaissance und suchte nach den tiefsten Geheimnissen der Natur. Einer der faszinierendsten Aspekte dieser Suche war die Legende des Steins der Weisen, ein mythisches Objekt, das in der Lage sein sollte, gewöhnliche Metalle in Gold zu verwandeln und ewiges Leben zu verleihen. Innerhalb dieser alchemistischen Bestrebungen spielte das Einhorn, insbesondere das Einhornhorn, eine besondere Rolle.

Das Einhornhorn, oder Alicorn, wurde in der Alchemie als ein mächtiges und reines Material angesehen. Alchemisten glaubten, dass das Horn des Einhorns magische und heilende Eigenschaften besaß, die es zu einem wichtigen Bestandteil in der Herstellung des Steins der Weisen machen könnten. In zahlreichen alchemistischen Manuskripten und Schriften wurde das Alicorn als eine Zutat für Elixiere und Tränke erwähnt, die nicht nur Metalle verwandeln, sondern auch das menschliche Leben verlängern und Krankheiten heilen sollten.

Die Reinheit und Seltenheit des Einhornhorns machten es zu einem Symbol für das Ultimative, das Reinste in der Natur –

genau das, was Alchemisten in ihrer Suche nach der Perfektion anstrebten. Der Glaube, dass das Horn Gift neutralisieren konnte, wurde auf die Idee übertragen, dass es auch spirituelle und körperliche Unreinheiten beseitigen konnte. Diese Eigenschaften machten das Alicorn zu einem begehrten Gegenstand in den Laboren und Werkstätten der Alchemisten.

Bedeutung in der mittelalterlichen und Renaissance-Alchemie
Im Mittelalter und in der Renaissance war die Alchemie eine weit verbreitete Praxis, die sowohl von gelehrten Wissenschaftlern als auch von mystischen Praktikern verfolgt wurde. Die Alchemisten dieser Epochen sahen das Einhorn und sein Horn als mächtige Symbole und Werkzeuge in ihrer Arbeit.

Das Einhorn selbst wurde oft als ein alchemistisches Symbol der Reinheit und Unschuld dargestellt. Diese Attribute waren nicht nur spirituell bedeutsam, sondern auch praktisch, da sie in die alchemistische Symbolik der Transmutation und Transformation eingebettet waren. Die Transformation eines unedlen Metalls in Gold wurde als eine physische Manifestation der spirituellen Transformation des Alchemisten selbst angesehen, und das Einhornhorn symbolisierte diese Reinheit und das Ziel dieser inneren und äußeren Verwandlung.

Berühmte Alchemisten wie Paracelsus und Cornelius Agrippa erwähnten das Einhorn und sein Horn in ihren Schriften. Paracelsus, einer der einflussreichsten Alchemisten der Renaissance, war bekannt für seine Versuche, Alchemie und Medizin zu verbinden. In seinen Texten betrachtete er das Einhornhorn als eine Schlüsselkomponente in verschiedenen medizinischen und alchemistischen Rezepturen. Er glaubte, dass das Horn die Kraft besaß, Krankheiten zu heilen und das Leben zu verlängern, und er integrierte diese Vorstellungen in seine alchemistischen Theorien.

Cornelius Agrippa, ein anderer bedeutender Alchemist und Mystiker, sah das Einhorn als ein Symbol der spirituellen Reinheit und Macht. In seinen Schriften verknüpfte er die Eigenschaften des Einhorns mit den Zielen der alchemistischen Praxis, insbesondere der spirituellen Erhebung und der Suche nach göttlicher Weisheit. Das Einhorn und sein Horn wurden zu Symbolen für die höchste Form der Reinheit und Erleuchtung, die ein Alchemist erreichen konnte.

Die Rolle des Einhornhorns in der Alchemie war nicht nur auf Europa beschränkt. In arabischen und persischen alchemistischen Texten finden sich ebenfalls Hinweise auf die Verwendung von Einhornhörnern oder ähnlichen Substanzen. Diese Texte wurden oft ins Lateinische übersetzt und beeinflussten die europäische Alchemie erheblich. Der Austausch von alchemistischen Ideen zwischen verschiedenen Kulturen trug dazu bei, den Mythos des Einhorns und die Bedeutung seines Horns weiter zu verbreiten.

Fazit:

Die Alchemie, mit ihrer Mischung aus Wissenschaft, Magie und Philosophie, war eine Disziplin, die tief in den Mythen und

Symbolen der Vergangenheit verwurzelt war. Das Einhorn und sein Horn spielten eine zentrale Rolle in diesen Bestrebungen, indem sie als Symbole für Reinheit, Heilung und die ultimative Transformation dienten. Die Vorstellung, dass das Einhornhorn eine Schlüsselkomponente in der Suche nach dem Stein der Weisen und der Erreichung des ewigen Lebens sein könnte, verankerte das Einhorn fest im alchemistischen Denken und in den Legenden dieser faszinierenden Epoche.

In den folgenden Kapiteln werden wir die weiteren Entwicklungen des Einhorn-Mythos und seine Rolle in verschiedenen Aspekten der menschlichen Kultur und Wissenschaft untersuchen. Die Erfindung des Einhorns bleibt eine faszinierende Reise durch die Tiefen der menschlichen Fantasie und den unermüdlichen Drang, die Geheimnisse der Natur zu ergründen.

Einhörner in der Kunst der Renaissance

Darstellung in der Malerei und Skulptur

Die Renaissance, eine Zeit des Wiederauflebens von Kunst, Wissenschaft und Kultur, brachte eine Fülle von Darstellungen des Einhorns hervor. Künstler dieser Epoche waren fasziniert von der Schönheit und Symbolkraft dieses mythischen Wesens, und ihre Werke spiegeln diese Faszination wider. Einhörner fanden ihren Weg in Gemälde, Fresken, Skulpturen und Manuskripte, oft eingebettet in komplexe allegorische und symbolische Darstellungen.

In der Malerei der Renaissance wurde das Einhorn häufig als edles, elegantes Tier dargestellt, oft in Begleitung einer Jungfrau. Diese Darstellungen beziehen sich auf eine mittelalterliche Legende, die besagt, dass Einhörner nur von Jungfrauen eingefangen werden können. Diese Szenen symbolisieren Reinheit und Unschuld und wurden von Künstlern wie Leonardo da Vinci, Raphael und Domenichino auf Leinwand gebannt.

Leonardo da Vinci, einer der größten Künstler und Denker der Renaissance, fertigte mehrere Skizzen und Zeichnungen von Einhörnern an. In seinen Notizbüchern finden sich detaillierte Studien des Tieres, die seine Eleganz und Anmut betonen. Obwohl Leonardo das Einhorn als Fabelwesen betrachtete, faszinierte ihn seine Symbolik und Ästhetik, was in seinen Werken deutlich wird.

Raphael, ein weiterer Meister der Renaissance, malte das Einhorn in seinem berühmten Werk ›Jungfrau mit dem Einhorn‹. In diesem Gemälde sitzt eine junge Frau, die möglicherweise die Jungfrau Maria darstellt, mit einem kleinen Einhorn auf ihrem Schoß. Die zarte und friedliche Szene verkörpert Reinheit und Unschuld und verbindet christliche Symbolik mit mythologischen Motiven.

In der Skulptur wurde das Einhorn ebenfalls prominent dargestellt. Es gibt zahlreiche Statuen und Reliefs, die Einhörner zeigen, oft in höfischen oder religiösen Kontexten. Diese Skulpturen wurden aus Marmor, Bronze und anderen wertvollen Materialien gefertigt und zierten Paläste, Kirchen und öffentliche Plätze. Die Künstler der Renaissance nutzten die Anmut und das geheimnisvolle Wesen des Einhorns, um ihre Werke mit einer zusätzlichen Schicht von Bedeutung und Schönheit zu bereichern.

Symbolik und Interpretationen

Die Symbolik des Einhorns in der Renaissancekunst ist vielschichtig und komplex. Es diente als Symbol für verschiedene Tugenden und Konzepte, die von Reinheit und Unschuld bis hin zu mystischen und spirituellen Bedeutungen reichten. Die Darstellung des Einhorns in der Kunst war nicht nur ein ästhetischer Akt, sondern auch ein tief symbolischer, der die moralischen und philosophischen Überzeugungen der Zeit widerspiegelte.

Eine der bekanntesten Symboliken des Einhorns ist die der Reinheit. Das Einhorn wurde oft mit Jungfrauen in Verbindung gebracht und symbolisierte die unberührte Reinheit und Keuschheit. Diese Darstellungen waren besonders in religiösen Kunstwerken verbreitet, wo das Einhorn als Symbol für die Jungfrau Maria und ihre Reinheit diente. Die Legende, dass nur eine Jungfrau ein Einhorn einfangen konnte, verstärkte diese Symbolik und wurde in zahlreichen Kunstwerken thematisiert.

Darüber hinaus wurde das Einhorn als Symbol für göttliche Gnade und das Christentum selbst interpretiert. In vielen Darstellungen der Renaissance findet sich das Einhorn in religiösen Kontexten, oft als Hinweis auf Christus oder als Verkörperung göttlicher Reinheit. Die symbolische Bedeutung des Einhorns wurde durch die Verwendung in biblischen und mythologischen Szenen noch verstärkt.

In weltlichen Kontexten symbolisierte das Einhorn auch Macht und Reinheit der Herrscher. Es wurde oft in Wappen und Emblemen verwendet, um königliche oder adlige Tugenden wie Tapferkeit, Reinheit und göttliche Bestimmung zu repräsentieren. Das Einhorn in diesen Darstellungen betonte die erhabene Natur und die moralische Überlegenheit der Herrscher und ihre Nähe zu göttlicher Weisheit und Macht.

Ein weiteres faszinierendes Element der Einhornsymbolik in der Renaissance war seine Verbindung zur Natur und zur Wildheit. Das Einhorn wurde oft als ein wildes und unzähmbares Wesen dargestellt, das nur durch die Reinheit und Unschuld gezähmt werden konnte. Diese Darstellung reflektierte die humanistische Auffassung der Renaissance, die Natur zu verstehen und zu kontrollieren, und verband diese Vorstellungen mit moralischen und spirituellen Überzeugungen.

Fazit:

Die Renaissance war eine Epoche, die durch ihre Kunst und Kultur tiefe Einblicke in die menschliche Vorstellungskraft und ihre symbolischen Ausdrucksformen bot. Das Einhorn, mit seiner reichen Symbolik und ästhetischen Anziehungskraft, spielte in dieser Zeit eine bedeutende Rolle. Künstler nutzten das Einhorn, um komplexe moralische, spirituelle und philosophische Ideen zu vermitteln und schufen dabei einige der schönsten und bedeutungsvollsten Werke der Kunstgeschichte.

In den folgenden Kapiteln werden wir die weiteren Entwicklungen des Einhorn-Mythos in der Kunst und Kultur sowie seine Rolle in der modernen Popkultur und Literatur untersuchen. Die Erfindung des Einhorns bleibt ein faszinierendes Beispiel dafür, wie Mythen und Legenden die menschliche Kultur und Kunst durch die Jahrhunderte hinweg beeinflusst und bereichert haben.

Einhörner in der Literatur

Geschichten und Legenden über Einhörner

Einhörner haben seit Jahrhunderten einen festen Platz in der Literatur und beflügeln die Fantasie von Generationen von Lesern. Ihre Geschichten und Legenden sind tief in der menschlichen Kultur verwurzelt und erscheinen in einer Vielzahl von literarischen Werken, von antiken Erzählungen bis hin zu modernen Fantasy-Romanen. Diese mythischen Kreaturen symbolisieren Reinheit, Magie und das Unerreichbare, und ihre Geschichten sind oft mit moralischen oder spirituellen Botschaften durchzogen.

Eine der frühesten Erwähnungen von Einhörnern in der Literatur stammt von Ctesias, einem griechischen Arzt und Historiker des 5. Jahrhunderts v. Chr., der über das ›indische Einhorn‹ berichtete. Diese Beschreibungen, obwohl wahrscheinlich auf Missverständnissen oder Übertreibungen basierend, legten den Grundstein für die spätere Verbreitung des Einhornmythos in der westlichen Literatur. In seinen Schriften schilderte Ctesias das Einhorn als wildes, edles Tier mit einem einzigen Horn auf der Stirn, das über magische Fähigkeiten verfügte.

Im Mittelalter tauchte das Einhorn immer wieder in literarischen Texten auf, oft in Bestiarien, symbolischen Tierbüchern, die moralische und religiöse Lehren durch die Darstellung von

Tieren vermittelten. Das Einhorn wurde hier als Symbol für Christus und seine Reinheit dargestellt. Diese Texte prägten das mittelalterliche Bild des Einhorns als ein Wesen, das nur von einer reinen Jungfrau gefangen werden konnte – eine Allegorie für die Jungfrau Maria und die Unschuld.

Die Renaissance brachte eine Wiederbelebung der klassischen Mythologie und eine neue Blütezeit für das Einhorn in der Literatur. In dieser Zeit entstanden zahlreiche Geschichten und Gedichte, die das Einhorn als zentrales Symbol nutzten. William Shakespeare, der Meister der englischen Literatur, erwähnte Einhörner in mehreren seiner Werke, darunter ›Julius Caesar‹ und ›Der Kaufmann von Venedig‹, und nutzte sie als Metapher für das Seltene und Unerreichbare.

Einhörner in der Poesie und Prosa

In der Poesie der Renaissance und des Barock finden sich zahlreiche Verweise auf Einhörner. Dichter wie Edmund Spenser in seinem epischen Gedicht ›The Faerie Queene‹ nutzten das Einhorn, um Tugend und Reinheit zu symbolisieren. Spensers Einhorn erscheint als ein edles und unbesiegbares Wesen, das nur durch die Reinheit und Unschuld besänftigt werden kann. Diese Darstellung verstärkte die Assoziation des Einhorns mit moralischen und spirituellen Idealen.

In der romantischen Literatur des 19. Jahrhunderts fand das Einhorn erneut Eingang, als Autoren wie Alfred Lord Tennyson und Samuel Taylor Coleridge die mystische und ästhetische Anziehungskraft dieser Kreatur erkundeten. Tennysons Gedicht ›The Lady of Shalott‹ beispielsweise enthält subtile Hinweise auf die symbolische Bedeutung des Einhorns, obwohl es nicht explizit erwähnt wird. Die romantische Literatur betonte die Verbindung des Einhorns mit der Natur und der inneren Reinheit, was den mythischen Status des Tieres weiter festigte.

Die moderne Fantasy-Literatur hat das Einhorn als ein Hauptmotiv übernommen und es in zahlreiche Geschichten und Romane integriert. Eines der bekanntesten Beispiele ist Peter S. Beagles Roman ›The Last Unicorn‹ (1968), der die Geschichte des letzten lebenden Einhorns erzählt, das auf der Suche nach seinen verschwundenen Artgenossen ist. Beagles Werk verwebt klassische Motive mit modernen Erzählelementen und beleuchtet das Einhorn als Symbol für Hoffnung, Magie und das Verlorene.

Auch in J.K. Rowlings ›Harry Potter‹-Serie spielt das Einhorn eine bedeutende Rolle. Einhornblut wird als eine mächtige, aber verfluchte Substanz beschrieben, die das Leben verlängern kann, aber um einen hohen moralischen Preis. Diese Darstellung betont die ambivalente Natur des Einhorns – als Quelle großer Macht und gleichzeitig als Symbol für das Sakrosankte und Unantastbare.

Neben der Prosa haben Einhörner auch in der Poesie des 20. und 21. Jahrhunderts ihren Platz gefunden. Dichter wie Sylvia Plath und W.B. Yeats haben die Symbolik des Einhorns in ihren Werken genutzt, um Themen wie Reinheit, Verlust und das Transzendente zu erforschen. Diese modernen poetischen

Darstellungen reflektieren die anhaltende Faszination und den symbolischen Reichtum, den das Einhorn in der Literatur darstellt.

Fazit:

Einhörner haben in der Literatur eine lange und reiche Tradition, die von antiken Berichten über mittelalterliche Bestiarien bis hin zu modernen Fantasy-Romanen reicht. Diese mythischen Kreaturen verkörpern eine Vielzahl von Symbolen und Bedeutungen, von Reinheit und Unschuld bis hin zu Magie und dem Unerreichbaren. Die Geschichten und Gedichte, die Einhörner darstellen, bieten tiefe Einblicke in die menschliche Fantasie und die Art und Weise, wie Mythen und Legenden unsere kulturellen und moralischen Vorstellungen prägen.

In den folgenden Kapiteln werden wir die weiteren Entwicklungen des Einhorn-Mythos in der Literatur und seine Darstellung in verschiedenen Kunstformen und wissenschaftlichen Kontexten untersuchen. Die Erfindung des Einhorns bleibt ein faszinierendes Thema, das die menschliche Vorstellungskraft und Kreativität seit Jahrhunderten inspiriert und bereichert hat.

Wissenschaftliche Betrachtungen und reale Vorbilder

Das Indische Nashorn und andere einhornähnliche Tiere

Die Vorstellung von Einhörnern, mystischen Tieren mit einem einzelnen Horn auf der Stirn, hat die Menschheit seit Jahrtausenden fasziniert. Doch hinter dem Mythos könnte ein real existierendes Vorbild stehen: das Indische Nashorn. Dieses beeindruckende Tier, das in den tropischen und subtropischen Graslandschaften und Wäldern des indischen Subkontinents lebt, ist eines der größten Landsäugetiere und zeichnet sich durch ein einzelnes Horn auf seiner Nase aus.

Das Indische Nashorn (Rhinoceros unicornis) hat ein charakteristisches Aussehen, das stark an die Beschreibungen des Einhorns in alten Texten erinnert. Mit einer Haut, die wie eine dicke Rüstung wirkt, und einem robusten, imposanten Körperbau könnte es leicht als ein mythisches Wesen interpretiert werden. Das Horn des Indischen Nashorns, das aus festem Keratin besteht, ähnelt in vielerlei Hinsicht dem Horn des fabelhaften Einhorns, das in Legenden magische Kräfte besitzen soll.

In der Antike und im Mittelalter gelangten Berichte über das Indische Nashorn nach Europa und trugen zur Entstehung des

Einhornmythos bei. Reisende und Kaufleute, die Indien und andere exotische Länder besuchten, berichteten von seltsamen und wunderbaren Kreaturen, die sie gesehen hatten. Diese Berichte wurden oft durch mündliche Überlieferungen und schriftliche Beschreibungen weitergegeben und dabei oft ausgeschmückt und verzerrt. Es ist daher wahrscheinlich, dass die Beschreibungen des Einhorns in vielen Fällen auf tatsächlichen Beobachtungen des Indischen Nashorns basierten, die durch Missverständnisse und Übertreibungen verformt wurden.

Neben dem Indischen Nashorn gibt es noch andere Tiere, die als Inspirationsquellen für das Einhorn gedient haben könnten. Das Saola, auch bekannt als Vietnamesisches Einhorn, ist ein scheues und seltenes Tier, das in den Annamitengebirgen von Laos und Vietnam lebt. Obwohl es zwei Hörner hat, wird es aufgrund seiner Seltenheit und geheimnisvollen Natur manchmal als modernes ›Einhorn‹ bezeichnet. Diese und andere einhornähnliche Tiere könnten zur Entstehung und Verbreitung des Einhornmythos beigetragen haben, indem sie als reale Vorbilder dienten, die durch menschliche Fantasie und Überlieferung in mythische Wesen verwandelt wurden.

Naturforscher und ihre Berichte

Mit der Entwicklung der Naturwissenschaften und den Entdeckungsreisen des 16. und 17. Jahrhunderts begannen Naturforscher, die Welt systematisch zu erkunden und zu dokumentieren. Diese Forscher, wie etwa Marco Polo und John Mandeville, spielten eine Schlüsselrolle bei der Aufklärung der Mythen und Legenden über Einhörner, indem sie reale Tiere beschrieben, die die Grundlage für diese Mythen bildeten.

Marco Polo, der berühmte venezianische Entdecker, beschrieb in seinen Reiseberichten das, was er für Einhörner hielt, als große Tiere mit einem einzelnen Horn, die jedoch nicht die anmutigen Kreaturen waren, die er erwartet hatte. In Wirklichkeit beschrieb er das Indische Nashorn, dessen Erscheinung ihn offensichtlich enttäuschte, da es nicht dem idealisierten Bild des Einhorns entsprach, das in Europa verbreitet war.

John Mandeville, ein weiterer bekannter Reisender des Mittelalters, berichtete ebenfalls von Einhörnern in seinen Reiseberichten. Seine Beschreibungen, die oft phantastisch und übertrieben waren, trugen dazu bei, das Bild des Einhorns in der europäischen Vorstellung zu festigen. Trotz der Fiktionalität vieler seiner Berichte spiegelten sie dennoch die Faszination und das Interesse wider, das die Menschen für diese mystischen Kreaturen hegten.

Im Laufe der Zeit begannen Naturforscher wie Conrad Gessner und Ulisse Aldrovandi, die Geschichten und Berichte über Einhörner kritisch zu hinterfragen und zu analysieren. In ihren naturhistorischen Werken sammelten sie Informationen über reale Tiere und versuchten, die Ursprünge der Mythen zu ergründen. Gessner, ein Schweizer Naturforscher des 16. Jahrhunderts, veröffentlichte eine umfangreiche Sammlung von Berichten und Abbildungen von Tieren in seinem Werk ›Historiae Animalium‹, in dem er versuchte, Fakten von Fiktion zu trennen. Er erkannte, dass viele Berichte über Einhörner auf Missverständnissen und Übertreibungen beruhten, und stellte fest, dass das Nashorn wahrscheinlich die Grundlage für viele dieser Geschichten war.

Ulisse Aldrovandi, ein italienischer Naturforscher des 16. Jahrhunderts, führte ebenfalls umfassende Studien zu Tieren durch und sammelte eine Vielzahl von Berichten und Abbildungen. In seinem Werk ›Monstrorum Historia‹ untersuchte er die Ursprünge von Fabelwesen und versuchte, wissenschaftliche Erklärungen für ihre Existenz zu finden. Auch er erkannte die Rolle des Indischen Nashorns bei der Entstehung des Einhornmythos und trug zur Entmystifizierung dieser Kreatur bei.

Fazit:

Die wissenschaftliche Erforschung von Tieren und die kritische Analyse alter Berichte haben wesentlich zur Entmystifizierung des Einhorns beigetragen. Durch die sorgfältige Untersuchung realer Vorbilder wie des Indischen Nashorns und anderer einhornähnlicher Tiere konnten Naturforscher viele der Missverständnisse und Übertreibungen aufdecken, die den Einhornmythos umgeben. Trotz dieser wissenschaftlichen Erkenntnisse bleibt das Einhorn jedoch ein faszinierendes und symbolträchtiges Wesen, das weiterhin die menschliche Vorstellungskraft beflügelt und in Kunst, Literatur und Popkultur präsent ist.

In den folgenden Kapiteln werden wir die weiteren Aspekte des Einhornmythos und seine Rolle in der modernen Welt untersuchen, von der Popkultur über die Kunst bis hin zu modernen Interpretationen und wissenschaftlichen Diskussionen. Die Erfindung des Einhorns bleibt ein faszinierendes Thema, das uns viel über die menschliche Natur und unsere Fähigkeit, Mythen zu erschaffen und zu bewahren, verrät.

Einhörner in der frühen Neuzeit

Wandel der Darstellungen und Interpretationen

Die frühe Neuzeit war eine Zeit des tiefgreifenden Wandels in Europa, geprägt von Entdeckungen, wissenschaftlichen Fortschritten und kulturellen Entwicklungen. In diesem Kontext veränderte sich auch die Wahrnehmung und Darstellung von Einhörnern. Während das Mittelalter das Einhorn als symbolträchtiges Wesen in Bestiarien und religiösen Texten feierte, führte die Renaissance eine differenzierte Sichtweise ein, die sowohl mythische als auch wissenschaftliche Ansätze vereinte.

In der Kunst und Literatur der Renaissance und des Barock blieben Einhörner weiterhin beliebte Motive, jedoch mit einer neuen Ästhetik und Symbolik. Maler wie Leonardo da Vinci und Albrecht Dürer schufen detailreiche Darstellungen von Einhörnern, die das Tier als majestätisch und anmutig darstellten. Diese Künstler griffen oft auf antike und mittelalterliche Quellen zurück, interpretierten das Einhorn jedoch in einem neuen Licht, das die Ideale der Renaissance widerspiegelte – Harmonie, Schönheit und das Streben nach Wissen.

Leonardo da Vinci, der Universalgelehrte der Renaissance, interessierte sich besonders für die Natur und Anatomie von Tieren. Obwohl keine konkreten Zeichnungen oder Studien von ihm über Einhörner bekannt sind, gibt es Hinweise darauf, dass er sich mit dem Thema auseinandersetzte. In seinen Schriften findet sich ein Essay über das Einhorn, in dem er das Wesen sowohl als mythologisches Symbol als auch als reales Tier betrachtet. Diese duale Perspektive ist typisch für die Renaissance, die das Spannungsverhältnis zwischen Mythos und Wissenschaft zu überbrücken suchte.

Im Barock setzte sich die Faszination für Einhörner fort, doch nun wurde das Einhorn oft als allegorische Figur verwendet, die Tugend und Reinheit verkörperte. In der Bildenden Kunst diente das Einhorn häufig als Symbol für Macht und Reinheit, das in prachtvollen Wandteppichen und Gemälden dargestellt wurde. Ein bekanntes Beispiel ist die Serie der ›Dame mit dem Einhorn‹, eine Reihe von Wandteppichen aus dem 15. Jahrhundert, die in Frankreich entstanden und das Einhorn in Verbindung mit den fünf Sinnen und der reinen Liebe darstellen.

Einhornmythen in der Aufklärung

Mit dem Beginn der Aufklärung im 17. Jahrhundert veränderte sich das Weltbild Europas erneut grundlegend. Die Aufklärung, geprägt von Rationalität und wissenschaftlichem Fortschritt, stellte viele traditionelle Mythen und Legenden in Frage, einschließlich des Einhorns. Naturforscher und Gelehrte begannen, die Existenz von Einhörnern kritisch zu hinterfragen und wissenschaftliche Beweise zu verlangen.

Ein herausragendes Beispiel dieser neuen Herangehensweise ist der Naturforscher und Arzt Sir Thomas Browne. In seinem

Werk ›Pseudodoxia Epidemica‹ (1646), auch bekannt als ›Vulgar Errors‹, untersuchte Browne verschiedene populäre Irrtümer und Mythen, darunter auch die Existenz von Einhörnern. Browne war skeptisch gegenüber Berichten über Einhörner und forderte empirische Beweise. Seine kritische Analyse trug dazu bei, die öffentliche Meinung über die Existenz von Einhörnern zu verändern und legte den Grundstein für eine wissenschaftlichere Betrachtung.

Gleichzeitig entstand in der Aufklärung eine literarische und philosophische Bewegung, die das Einhorn als metaphorisches und symbolisches Wesen neu interpretierte. Philosophen und Schriftsteller wie Voltaire und Denis Diderot nutzten das Einhorn, um gesellschaftliche und moralische Themen zu beleuchten. In ihren Schriften wurde das Einhorn oft als Symbol für die Reinheit der Vernunft und die Suche nach Wahrheit dargestellt, passend zur Ideologie der Aufklärung, die Vernunft und Wissen über Aberglauben und Tradition stellte.

Ein bemerkenswertes Werk aus dieser Zeit ist Voltaire's ›Candide‹ (1759), in dem er die Irrationalität und den Aberglauben seiner Zeit kritisiert. Obwohl das Einhorn in ›Candide‹ nicht explizit erwähnt wird, spiegelt der satirische Ton des Werkes die aufklärerische Haltung wider, die Mythen und Legenden kritisch hinterfragt. Voltaire und seine Zeitgenossen nutzten solche literarischen Werke, um die Menschen zum Nachdenken und zur Selbstreflexion anzuregen.

Dennoch verschwanden Einhörner nicht vollständig aus dem kulturellen Bewusstsein der frühen Neuzeit. Sie blieben weiterhin ein faszinierendes und vielschichtiges Symbol, das in verschiedenen Kontexten auftauchte. In der Medizin und Alchemie der Zeit wurden Einhornhörner, oft in Form von Narwalzähnen, weiterhin als Heilmittel und magische Objekte gehandelt. Die Vorstellung von den heilenden und magischen Kräften des Einhornhorns hielt sich hartnäckig, obwohl wissenschaftliche Beweise fehlten.

Fazit:

Die frühe Neuzeit markiert einen bedeutenden Wandel in der Darstellung und Interpretation von Einhörnern. Während die Renaissance das Einhorn als harmonisches und anmutiges Wesen feierte, hinterfragte die Aufklärung seine Existenz und legte den Grundstein für eine wissenschaftlichere Betrachtung. Trotz der kritischen Analyse und der rationalen Herangehensweise der Aufklärung blieb das Einhorn ein faszinierendes und vielschichtiges Symbol, das in Kunst, Literatur und Wissenschaft präsent blieb.

In den folgenden Kapiteln werden wir weiter untersuchen, wie sich die Vorstellungen und Darstellungen von Einhörnern im Laufe der Jahrhunderte entwickelt haben und welche Rolle sie in der modernen Kultur und Wissenschaft spielen. Die Erfindung des Einhorns ist ein eindrucksvolles Beispiel dafür, wie Mythen und Legenden die menschliche Vorstellungskraft über Jahrtausende hinweg beflügeln können, und zeigt die komplexe Wechselwirkung zwischen Mythos, Wissenschaft und Kultur.

Das Einhorn im 19. Jahrhundert

Romantische Interpretationen und Darstellungen

Das 19. Jahrhundert war eine Zeit tiefgreifender gesellschaftlicher und kultureller Veränderungen, die das Einhorn in einem neuen Licht erscheinen ließen. Die Romantik, eine Bewegung, die in der zweiten Hälfte des 18. Jahrhunderts begann und sich im 19. Jahrhundert entfaltete, legte besonderen Wert auf Emotionen, Natur und das Mystische. Einhörner, als Sinnbild des Geheimnisvollen und Übernatürlichen, erlebten in dieser Zeit eine Renaissance in Kunst und Literatur.

Die Romantik wandte sich gegen die Rationalität und den wissenschaftlichen Rationalismus der Aufklärung, indem sie das Mystische, das Emotionale und das Unerklärliche feierte. In diesem Kontext wurde das Einhorn zu einem Symbol für das Unbewusste und die tiefen, oft unergründlichen Sehnsüchte der menschlichen Seele. Romantische Künstler und Schriftsteller griffen auf das Einhorn zurück, um diese Ideen zu illustrieren.

Ein bemerkenswertes Beispiel hierfür ist die Gedichtsammlung ›Lays of Ancient Rome‹ von Thomas Babington Macaulay, in der das Einhorn als ein geheimnisvolles und majestätisches Wesen dargestellt wird. In der romantischen Dichtung symbolisierte das Einhorn oft unerfüllte Sehnsüchte und das Streben nach einer idealisierten, unerreichbaren Reinheit und Schönheit. Die Sehnsucht nach dem Übernatürlichen und das Streben nach einer tieferen Verbindung zur Natur und zum Spirituellen fanden in den Darstellungen von Einhörnern einen ausdrucksstarken Kanal.

Einhörner in der viktorianischen Kunst und Literatur

Während der viktorianischen Ära (1837-1901) setzte sich die Faszination für Einhörner fort, und sie fanden Eingang in eine Vielzahl von künstlerischen und literarischen Werken. Die Viktorianer, mit ihrer Vorliebe für das Exotische und das Geheimnisvolle, waren von der Idee des Einhorns begeistert. Die Darstellung von Einhörnern in dieser Zeit spiegelt die Spannungen und Widersprüche der viktorianischen Gesellschaft wider – eine Gesellschaft, die sich gleichzeitig der industriellen Revolution und den damit verbundenen wissenschaftlichen Fortschritten sowie einer tiefen Nostalgie für das Mythische und Romantische hingab.

In der Malerei jener Zeit wurde das Einhorn häufig in Szenen von idyllischen Landschaften und verwunschenen Wäldern dargestellt, die eine idealisierte Naturwelt repräsentierten. Künstler wie Edward Burne-Jones und William Morris, die Teil der präraffaelitischen Bewegung waren, integrierten Einhörner in ihre Werke, um die Schönheit und das Geheimnis der Natur zu betonen. Ihre Gemälde und Wandteppiche zeigten Einhörner oft in einer symbolischen Rolle, die Reinheit, Unschuld und die Suche nach spiritueller Erfüllung darstellte.

Ein bekanntes Beispiel ist das Werk ›The Unicorns: Sight‹ von Edward Burne-Jones, das ein Einhorn in einer verträumten, fast surrealen Landschaft zeigt. Dieses Gemälde spiegelt die romantische Vorstellung wider, dass das Einhorn ein Wesen jenseits der alltäglichen Realität ist, das in einer Welt der Fantasie und der tiefen emotionalen Wahrnehmung existiert.

In der viktorianischen Literatur wurde das Einhorn ebenfalls zu einem beliebten Motiv. Autoren wie Alfred Lord Tennyson und Christina Rossetti griffen auf das Einhorn zurück, um Themen wie die Suche nach dem Unbekannten und das Streben nach dem Idealen zu erkunden. Tennysons Gedicht ›The Lady of Shalott‹ (1832) etwa, enthält subtile Anspielungen auf das Einhorn, indem es die tragische Geschichte einer Frau erzählt, die nach einer unerreichbaren Vision von Schönheit und Liebe strebt.

Christina Rossetti, eine bedeutende Dichterin der viktorianischen Zeit, verwendete in ihrem Gedicht ›Goblin Market‹ (1862) das Bild des Einhorns, um die Reinheit und Unschuld ihrer Protagonistinnen zu symbolisieren. Das Einhorn stand hier als Metapher für das Bewahren der kindlichen Unschuld und den Schutz vor den Verführungen und Gefahren der erwachsenen Welt. Rossettis Verwendung des Einhorns in ihrer Poesie zeigt, wie tief verwurzelt das Symbol des Einhorns in der viktorianischen Vorstellung von Reinheit und moralischer Tugend war.

Die viktorianische Ära war auch geprägt von einem erneuten Interesse an mittelalterlichen Mythen und Legenden, was zur Wiederbelebung des Interesses an Einhörnern beitrug. Sammlungen von Märchen und Sagen, die in dieser Zeit veröffentlicht wurden, enthielten oft Geschichten über Einhörner, die den Leser in eine

Welt der Magie und des Wunderbaren entführten. Dieses Interesse an der Vergangenheit und an mythologischen Wesen war Teil eines breiteren Trends, der als ›Mittelalter-Renaissance‹ bekannt wurde und die viktorianische Kultur stark beeinflusste.

Fazit:

Das 19. Jahrhundert war eine Zeit des Wandels und der Neuinterpretation für das Einhorn. Während die Romantik das Einhorn als Symbol für das Mystische und das Unerreichbare feierte, griff die viktorianische Ära auf das Einhorn zurück, um Themen der Reinheit, Unschuld und der Suche nach dem Idealen zu erkunden. In Kunst und Literatur wurde das Einhorn zu einem vielschichtigen Symbol, das die Spannungen und Sehnsüchte der Zeit widerspiegelte.

Die Darstellungen von Einhörnern in der Kunst und Literatur des 19. Jahrhunderts zeigen, wie tief verwurzelt das Symbol des Einhorns in der menschlichen Vorstellungskraft geblieben ist. Trotz der wissenschaftlichen Fortschritte und der zunehmenden Rationalität der Zeit blieb das Einhorn ein faszinierendes und vielschichtiges Symbol, das weiterhin Künstler, Schriftsteller und das allgemeine Publikum inspirierte.

In den folgenden Kapiteln werden wir die Entwicklung der Einhornmythen und -darstellungen im 20. und 21. Jahrhundert untersuchen und sehen, wie das Einhorn auch in der modernen Kultur und Popkultur weiterhin eine bedeutende Rolle spielt. Die Erfindung des Einhorns zeigt sich als ein lebendiger Prozess, der sich durch die Jahrhunderte zieht und immer wieder neue Facetten und Bedeutungen annimmt.

Einhörner im 20. Jahrhundert

Popkultur und die Wiederbelebung des Einhornmythos

Das 20. Jahrhundert war eine Ära beispielloser technologischer Fortschritte und gesellschaftlicher Veränderungen, die auch die Art und Weise beeinflussten, wie Mythen und Legenden in der modernen Kultur interpretiert und dargestellt wurden. Das Einhorn, ein Symbol für das Fantastische und Unerreichbare, erlebte in dieser Zeit eine bemerkenswerte Wiederbelebung und Anpassung an die Erfordernisse der Popkultur. Diese Wiederbelebung manifestierte sich in verschiedenen Medien wie Filmen, Büchern und Spielzeug, die das Einhorn in das kollektive Bewusstsein einer neuen Generation brachten.

Filme und Fernsehen

In der zweiten Hälfte des 20. Jahrhunderts begannen Filme und Fernsehen, eine dominierende Rolle in der Verbreitung kultureller Narrative zu spielen. Das Einhorn fand hier ein neues Zuhause, wo es in zahlreichen Produktionen als Symbol für Magie und Unschuld dargestellt wurde. Ein ikonisches Beispiel ist der Film ›The Last Unicorn‹ (1982), basierend auf dem gleichnamigen Roman von Peter S. Beagle. Dieser Film wurde schnell zu einem Kultklassiker und trug maßgeblich dazu bei, das Einhorn in der Popkultur zu verankern.

In ›The Last Unicorn‹ wird die Geschichte eines Einhorns erzählt, das herausfindet, dass es das letzte seiner Art sein könnte, und sich auf eine gefährliche Reise begibt, um die Wahrheit zu erfahren. Der Film fängt die Essenz des Einhornmythos ein, indem er Themen wie das Vergehen der Zeit, die Suche nach Identität und die Konfrontation mit dem Unbekannten behandelt. Die Darstellung des Einhorns als rein und edel, aber auch verletzlich, sprach viele Zuschauer an und stärkte das Bild des Einhorns als zeitloses Symbol.

Auch in der beliebten Zeichentrickserie ›My Little Pony‹ (1983) spielen Einhörner eine zentrale Rolle. Diese Serie, ursprünglich als Marketingkampagne für Spielzeug entwickelt, zeigt Einhörner als liebevolle und magische Wesen, die in einer Fantasiewelt voller Abenteuer und Freundschaften leben. Die Serie erlangte immense Popularität und prägte das Bild des Einhorns für eine ganze Generation von Kindern.

Bücher und Literatur

Die Literatur des 20. Jahrhunderts bot eine weitere Plattform für die Wiederbelebung des Einhornmythos. Neben ›The Last Unicorn‹ gibt es viele weitere Werke, die Einhörner thematisieren und ihre Faszination weitertragen. Der Fantasy-Boom, ausgelöst durch Autoren wie J.R.R. Tolkien und C.S. Lewis, schuf ein Umfeld, in dem fantastische Kreaturen wie Einhörner erneut an Bedeutung gewannen.

In der Kinderliteratur sind Einhörner häufig anzutreffen, oft als zentrale Figuren in Geschichten über Abenteuer und

Freundschaft. Bücher wie ›Elidor‹ (1965) von Alan Garner und ›The Unicorn Chronicles‹ (1994) von Bruce Coville integrieren Einhörner in komplexe Erzählungen, die sowohl Kinder als auch Erwachsene ansprechen. Diese Werke präsentieren Einhörner nicht nur als magische Wesen, sondern auch als Träger tiefgründiger Botschaften über Mut, Loyalität und das Streben nach dem Guten.

Spielzeug und Merchandise

Parallel zu ihrer Darstellung in Filmen und Büchern erlebten Einhörner eine enorme Popularität als Spielzeug und Merchandise-Artikel. Die ›My Little Pony‹-Reihe von Hasbro, die erstmals 1983 auf den Markt kam, war ein Phänomen, das die Spielzeugindustrie revolutionierte. Einhörner in dieser Serie, wie die Figur ›Twilight Sparkle‹, wurden zu Ikonen und spielten eine entscheidende Rolle im Marketing und Verkauf von Spielzeug.

Die Beliebtheit von Einhörnern als Spielzeug erstreckte sich auch auf andere Bereiche wie Plüschtiere, Puzzle, Malbücher und Bekleidung. Diese Produkte waren nicht nur bei Kindern beliebt, sondern fanden auch bei Erwachsenen Anklang, die sich von der Nostalgie und dem Charme der Einhornbilder angezogen fühlten. Einhörner wurden zu einem Symbol für Fantasie und Kreativität, das in der modernen Konsumkultur fest verankert ist.

Symbolik und zeitgenössische Bedeutung

Die Wiederbelebung des Einhornmythos im 20. Jahrhundert spiegelt eine tiefe Sehnsucht nach Magie und Unschuld in einer zunehmend rationalen und technologisierten Welt wider. Einhörner wurden zu Symbolen für Reinheit, Schönheit und das Streben nach dem Unerreichbaren. Diese Symbolik fand in der Popkultur breite Resonanz und half, das Einhorn als zeitloses und universelles Symbol zu etablieren.

Die Darstellung von Einhörnern in der modernen Kultur geht oft über ihre traditionellen Bedeutungen hinaus und integriert Elemente zeitgenössischer Themen wie Selbstfindung, Umweltbewusstsein und Individualität. In einer Welt, die sich rapide verändert und oft als chaotisch und unsicher empfunden wird, bieten Einhörner ein Gefühl der Beständigkeit und Magie, das vielen Menschen Trost und Inspiration bietet.

Fazit:

Das 20. Jahrhundert war eine bemerkenswerte Periode für die Wiederbelebung und Anpassung des Einhornmythos. Durch Filme, Bücher und Spielzeug wurde das Einhorn zu einem zentralen Symbol der Popkultur, das die Fantasie und die Herzen von Millionen Menschen eroberte. Die ungebrochene Faszination für Einhörner zeigt, dass diese magischen Wesen weiterhin eine bedeutende Rolle in unserer kollektiven Vorstellungskraft spielen und auch in der modernen Welt als Symbole für das Fantastische und Unerreichbare dienen.

In den kommenden Kapiteln werden wir untersuchen, wie das Einhorn im 21. Jahrhundert weiterhin eine zentrale Rolle in der Kultur und Popkultur spielt und wie seine Symbolik und Darstellungen sich weiterentwickeln, um neue Generationen zu inspirieren und zu begeistern.

Moderne Wissenschaft und das Einhorn

Fossile Entdeckungen und wissenschaftliche Theorien

In der modernen Wissenschaft hat das Einhorn – ursprünglich ein Geschöpf der Mythologie und Legende – überraschenderweise eine Rolle gefunden, die weit über die reine Fantasie hinausgeht. Insbesondere die Paläontologie und Zoologie haben in den letzten Jahrzehnten faszinierende Entdeckungen gemacht, die zu neuen Theorien und Überlegungen bezüglich der Ursprünge des Einhornmythos geführt haben.

Eine der bedeutendsten Entdeckungen war das fossile Skelett des Elasmotherium sibiricum, auch bekannt als das ›Sibirische Einhorn‹. Diese prähistorische Kreatur lebte vor etwa 29.000 Jahren in der eurasischen Steppe und besaß ein enormes Horn auf seiner Stirn. Obwohl das Elasmotherium eher einem Nashorn als einem Pferd ähnelte, war sein eindrucksvolles Horn vermutlich die Inspirationsquelle für viele Einhornlegenden. Die Existenz eines solchen Tieres zeigt, dass die Idee eines einhörnigen Wesens nicht vollständig aus der Luft gegriffen ist, sondern möglicherweise auf realen Beobachtungen basiert.

Ein weiteres Beispiel, das Wissenschaftler ins Auge gefasst haben, sind fossile Überreste von prähistorischen Tieren, deren Schädel Missbildungen aufwiesen, die wie ein einzelnes Horn aussahen. Diese natürlichen Anomalien könnten ebenfalls zur

Entstehung des Einhornmythos beigetragen haben. Reisende und Entdecker, die solche Fossilien fanden, könnten sie für Überreste von Einhörnern gehalten und ihre Entdeckungen entsprechend interpretiert haben.

Die Rolle des Einhorns in der modernen Zoologie

Neben den paläontologischen Entdeckungen hat auch die moderne Zoologie dazu beigetragen, das Bild des Einhorns weiter zu erforschen und zu entmystifizieren. Wissenschaftler haben sich mit der Möglichkeit beschäftigt, dass die Vorstellung von Einhörnern auf Fehlinterpretationen real existierender Tiere basiert. Ein häufig genanntes Beispiel ist das Indische Nashorn (Rhinoceros unicornis), das aufgrund seines einzelnen Horns leicht als Einhorn missverstanden werden könnte, besonders von Reisenden in antiken Zeiten, die wenig über exotische Fauna wussten.

Ein weiterer Kandidat für die Entstehung des Einhornmythos ist der Narwal, ein Meeressäuger, dessen langer Stoßzahn oft für ein Einhornhorn gehalten wurde. Narwal-Stoßzähne gelangten im Mittelalter über Handelsrouten nach Europa und wurden als ›Einhornhörner‹ verkauft, denen man magische und heilende Kräfte zuschrieb. Diese Praxis zeigt, wie real existierende Tiere und ihre Merkmale zur Mythologie des Einhorns beigetragen haben.

Moderne Zoologen und Historiker haben auch die psychologische Komponente der Einhornmythologie untersucht. Sie argumentieren, dass der Glaube an Einhörner nicht nur auf physischen Beobachtungen basiert, sondern auch tief in der menschlichen Psyche verankert ist. Das Einhorn symbolisiert Reinheit, Unschuld und das Unerreichbare – Werte und Ideale, die in jeder Kultur von großer Bedeutung sind. Die Sehnsucht nach solchen Idealen könnte die Erzählungen über Einhörner verstärkt und ihnen eine besondere Resonanz verliehen haben.

Wissenschaftliche Diskussionen und die Popularität des Einhorns

Die wissenschaftlichen Diskussionen über die Ursprünge und die Realität des Einhorns haben auch die Art und Weise beeinflusst, wie wir heute über diese Kreatur nachdenken. Während frühere Generationen das Einhorn als reales Wesen betrachteten, sehen wir es heute größtenteils als Produkt menschlicher Fantasie, beeinflusst von realen Tieren und prähistorischen Entdeckungen.

Dennoch bleibt das Einhorn in der modernen Kultur lebendig und populär. Es hat seinen festen Platz in der Literatur, Kunst und Popkultur, und seine Symbolik hat sich weiterentwickelt, um aktuelle gesellschaftliche und kulturelle Themen widerzuspiegeln. Das Einhorn wird oft als Symbol für Individualität und Einzigartigkeit verwendet, und seine Darstellung reicht von märchenhaften Illustrationen bis hin zu modernen, oft humorvollen Interpretationen.

Fazit:

Die moderne Wissenschaft hat zwar viele Aspekte des Einhornmythos entmystifiziert, doch sie hat auch gezeigt, dass die Faszination für Einhörner tief in unserer Kultur und Geschichte verwurzelt ist. Durch paläontologische Entdeckungen wie das Elasmotherium und zoologische Studien über Tiere wie das Indische Nashorn und den Narwal können wir besser verstehen, wie der Mythos des Einhorns entstanden ist und warum er bis heute so lebendig geblieben ist.

Das Einhorn ist ein hervorragendes Beispiel dafür, wie Mythen und wissenschaftliche Entdeckungen ineinandergreifen können, um ein umfassenderes Bild unserer kulturellen Entwicklung zu zeichnen. Während wir die wissenschaftlichen Grundlagen dieser Mythen untersuchen, erkennen wir gleichzeitig die tiefen psychologischen und kulturellen Bedürfnisse, die sie befriedigen. Das Einhorn bleibt somit ein faszinierendes Symbol für die Verbindung von Fantasie und Realität, von Mythos und Wissenschaft.

Einhörner und Psychologie

Das Einhorn als Archetyp und Symbol

In der Welt der Psychologie und der Mythologie spielt das Einhorn eine bedeutene Rolle als Archetyp und Symbol. Archetypen, wie sie von Carl Gustav Jung beschrieben wurden, sind universelle, angeborene Modelle des kollektiven Unbewussten. Sie treten in Mythen, Träumen und Kunstwerken auf und spiegeln grundlegende menschliche Erfahrungen und Emotionen wider. Das Einhorn, mit seiner unverwechselbaren Kombination aus Schönheit, Seltenheit und magischen Eigenschaften, hat sich als solcher Archetyp etabliert.

Das Einhorn verkörpert viele der Eigenschaften, die in menschlichen Kulturen als Ideal angesehen werden: Reinheit, Unschuld, Weisheit und das Transzendente. Diese Eigenschaften machen es zu einem kraftvollen Symbol für das Unerreichbare und das Göttliche. In der Literatur und Kunst wird das Einhorn oft mit der Suche nach dem Heiligen Gral verglichen – beide sind schwer fassbar und von tiefer spiritueller Bedeutung.

Darüber hinaus repräsentiert das Einhorn in vielen Kulturen das Streben nach dem Höheren und dem Übernatürlichen. Es steht für die Sehnsucht des Menschen, über die physische Realität hinauszugehen und eine tiefere, spirituelle Verbindung zu finden. Diese symbolische Bedeutung hat das Einhorn zu einem zentralen Motiv in der Literatur und Kunst gemacht, von den mittelalterlichen Bestiarien bis hin zu den modernen Fantasy-Geschichten.

Einhörner in der Traumdeutung und Mythologie

In der Traumdeutung haben Einhörner eine besondere Stellung. Träume von Einhörnern können verschiedene Bedeutungen haben, je nach Kontext und persönlicher Erfahrung des Träumers. Allgemein betrachtet symbolisiert das Einhorn in Träumen oft die Suche nach Reinheit und Wahrheit. Es kann auch für das Streben nach Unschuld und das Verlangen nach einer tieferen spirituellen Verbindung stehen.

Ein Traum von einem Einhorn kann darauf hindeuten, dass der Träumer auf der Suche nach etwas ist, das über das Alltägliche hinausgeht. Es kann ein Zeichen dafür sein, dass der Träumer nach einer höheren Wahrheit oder einem tieferen Verständnis seiner selbst sucht. In einigen Fällen kann das Einhorn auch ein Symbol für die Heilung von emotionalen oder spirituellen Wunden sein.

Die mythologische Bedeutung des Einhorns ist ebenso vielfältig und tiefgründig. In vielen Kulturen wird das Einhorn als ein Wesen gesehen, das sowohl Reinheit als auch Kraft verkörpert. In der westlichen Mythologie wird das Einhorn oft mit Jungfräulichkeit und Reinheit assoziiert, was es zu einem Symbol für die unberührte Natur und das Göttliche macht.

In der östlichen Mythologie, insbesondere in der chinesischen und indischen Tradition, gibt es ebenfalls Kreaturen, die dem Einhorn ähneln und ähnliche symbolische Bedeutungen haben. Das chinesische Qilin, ein mythisches Wesen mit einem Horn und schuppigem Körper, wird als ein gutes Omen und Symbol für Weisheit und Gerechtigkeit angesehen. In der indischen Mythologie gibt es das Ekashringa, ein einhorniges Wesen, das als Symbol für spirituelle Erleuchtung und göttliche Macht steht.

Einhörner und das kollektive Unbewusste

Die universelle Präsenz des Einhorns in verschiedenen Kulturen und Epochen deutet darauf hin, dass es tief im kollektiven Unbewussten der Menschheit verankert ist. Dieses Konzept, das von Carl Jung eingeführt wurde, bezieht sich auf die gemeinsamen, angeborenen Erfahrungen und Symbole, die in allen Menschen vorhanden sind. Das Einhorn, als solches ein Symbol, stellt eine archetypische Figur dar, die über Kulturen und Zeiten hinweg eine konstante Bedeutung hat.

Die Verbindung des Einhorns mit Reinheit und Spiritualität spiegelt die universelle menschliche Sehnsucht nach einer tieferen, bedeutungsvolleren Existenz wider. Es ist ein Symbol für das Streben nach Vollkommenheit und das Bestreben, die Grenzen des menschlichen Bewusstseins zu überschreiten. Diese archetypische Bedeutung macht das Einhorn zu einem mächtigen Symbol in der Psychologie und der Mythologie.

Einhörner in der Heraldik:

Wappentier und Symbol

Ein besonders faszinierendes Beispiel für die kulturelle und symbolische Bedeutung des Einhorns ist seine Rolle in der Heraldik. In Wappen und Emblemen dient das Einhorn oft als Symbol für Reinheit, Stärke und königliche Macht. Besonders in der schottischen Heraldik nimmt das Einhorn eine herausragende Position ein.

In Schottland ist das Einhorn eines der beiden Wappentiere des königlichen Wappens, das andere ist der englische Löwe. Diese Kombination symbolisiert die Vereinigung der beiden Königreiche England und Schottland. Das Einhorn steht dabei für Schottland und repräsentiert Tugenden wie Reinheit, Tapferkeit und Edelmut. In der schottischen Folklore wird das Einhorn oft als unbezwingbares und freies Wesen dargestellt, was seine Bedeutung als nationales Symbol verstärkt.

Die Darstellung des Einhorns in der Heraldik geht auf das Mittelalter zurück, als es in vielen europäischen Wappen als Symbol für verschiedene Tugenden verwendet wurde. Das Einhorn wurde oft mit einem goldenen Halsband und einer zerbrochenen Kette dargestellt, was seine Gefangenschaft und seine zugleich unbezwingbare Natur symbolisieren sollte. Diese Bilder sollten die Stärke und den edlen Charakter des Trägers des Wappens unterstreichen.

In der Kunst der Heraldik wird das Einhorn oft in stolzer und erhabener Haltung gezeigt, mit einem langen, spiralförmigen Horn, das aus seiner Stirn ragt. Diese Darstellungen betonen seine Rolle als Symbol für Reinheit und unbezwingbare Stärke. Auch in der modernen Heraldik hat das Einhorn seinen Platz behalten und ziert viele Wappen, Flaggen und Embleme auf der ganzen Welt.

Fazit:

Das Einhorn als Archetyp und Symbol spielt eine zentrale Rolle in der menschlichen Psyche und Kultur. Seine Darstellung in Träumen und Mythen zeigt, wie tief es in unserem kollektiven Unbewussten verwurzelt ist. Es symbolisiert die menschliche Sehnsucht nach Reinheit, Wahrheit und spiritueller Erleuchtung. Die universelle Präsenz des Einhorns in verschiedenen Kulturen und Epochen unterstreicht seine Bedeutung als kraftvolles Symbol, das weit über die Grenzen von Zeit und Raum hinausgeht.

In der Heraldik hat das Einhorn eine besondere Stellung als Symbol für Reinheit und Stärke, besonders in Schottland, wo es ein nationales Wappentier ist. Diese symbolische Bedeutung und die weitreichenden kulturellen Verbindungen machen das Einhorn zu einem faszinierenden und vielschichtigen Thema, das in ›Die Erfindung des Einhorns‹ umfassend untersucht wird. Durch die Untersuchung seiner Darstellung in verschiedenen Kulturen und Epochen wird deutlich, dass das Einhorn mehr als nur ein Fabelwesen ist – es ist ein Spiegelbild der menschlichen Seele und ihrer ewigen Suche nach dem Höheren und dem Heiligen.

Einhörner in verschiedenen Kulturen

Einhörner faszinieren Menschen auf der ganzen Welt, und obwohl das klassische europäische Einhorn am bekanntesten ist, existieren ähnliche Wesen in den Mythen und Legenden vieler Kulturen. Diese Kapitel bietet einen Überblick über einhornähnliche Kreaturen in asiatischen, afrikanischen und amerikanischen Kulturen und zeigt, wie sie sich voneinander unterscheiden und was sie gemeinsam haben.

Einhörner in Asien:

Qilin und andere Mythen

In der chinesischen Mythologie gibt es ein Wesen namens Qilin, das oft als das asiatische Gegenstück zum westlichen Einhorn betrachtet wird. Der Qilin, auch als ›Chinesisches Einhorn‹ bekannt, hat jedoch eine sehr unterschiedliche Erscheinung und Symbolik. Er wird oft als eine Mischung aus verschiedenen Tieren beschrieben, einschließlich Drachen, Pferden, Hirschen und Ochsen. Der Qilin gilt als ein Zeichen von Frieden und Wohlstand und erscheint nur in Zeiten großer Harmonie oder kurz vor der Geburt oder dem Tod eines bedeutenden Weisen. Seine Gestalt und die ihm zugeschriebenen Eigenschaften spiegeln tief verwurzelte Werte der chinesischen Kultur wider, wie Weisheit, Reinheit und Gerechtigkeit.

In Japan gibt es das Wesen Kirin, das ähnlich wie der Qilin beschrieben wird und ebenfalls ein Symbol für Frieden und Wohlstand ist. Die koreanische Version, bekannt als Girin, teilt viele der gleichen Merkmale. Diese Kreaturen wurden oft in Kunst und Literatur dargestellt und sind bis heute ein bedeutender Teil des kulturellen Erbes in diesen Ländern.

Afrikanische Mythen:

Abada und andere Wesen

In afrikanischen Mythen gibt es mehrere Kreaturen, die einhornähnliche Merkmale aufweisen. Ein bekanntes Beispiel ist das Abada, ein Fabelwesen aus der Legende des Kongos. Das Abada wird oft als kleineres Einhorn beschrieben, das mit zwei krummen Hörnern ausgestattet ist. Diese Hörner sollen magische Kräfte besitzen und können angeblich Gift neutralisieren. Das Abada lebt in den Tiefen der Wälder und ist äußerst scheu, was es zu einem schwer fassbaren und geheimnisvollen Wesen macht.

Ein weiteres Beispiel ist das Karkadann, eine mythische Kreatur aus dem östlichen Afrika und dem Nahen Osten. Es wird als riesiges, bullenähnliches Tier mit einem großen, spiralförmigen Horn beschrieben. Der Karkadann ist weniger freundlich dargestellt als seine asiatischen und europäischen Gegenstücke und wird oft als wild und gefährlich beschrieben. Diese Darstellungen reflektieren die raueren Umweltbedingungen und die oft härteren Lebensumstände in den Regionen, aus denen diese Mythen stammen.

Amerikanische Mythen:

Einhörner in der Neuen Welt

Auch in den Kulturen der amerikanischen Ureinwohner gibt es Hinweise auf einhornähnliche Wesen. In den Legenden der Lakota-Sioux gibt es Geschichten von einem Wesen namens ›Unktehi‹, das als Wasserwesen mit einem Horn beschrieben wird. Es handelt sich hierbei um eine Mischung aus einem Wassermonster und einem Einhorn, das in den Flüssen und Seen lebt und sowohl als Beschützer als auch als Bedrohung angesehen wird.

In den Mythen der Azteken findet man Berichte über ein Wesen namens ›Cipactli‹, das als einhornähnlich beschrieben wird. Cipactli wird oft als riesiges Reptil mit einem Horn auf der Nase dargestellt. Diese Darstellungen sind in der Regel enger mit der Schöpfungsmythologie der Azteken verbunden und symbolisieren die Verbindung zwischen den Menschen und den göttlichen Kräften der Natur.

Vergleichende Mythologie:

Gemeinsamkeiten und Unterschiede

Die Untersuchung einhornähnlicher Wesen in verschiedenen Kulturen zeigt sowohl bemerkenswerte Gemeinsamkeiten als auch deutliche Unterschiede. Ein zentrales Merkmal, das viele dieser Kreaturen teilen, ist das Horn, das oft mit magischen oder heilenden Eigenschaften in Verbindung gebracht wird. Diese Vorstellung von einem magischen Horn, das Gift neutralisieren oder Krankheiten heilen kann, findet sich in vielen Kulturen wieder und spiegelt einen universellen Glauben an die Macht der Natur und das Übernatürliche wider.

Ein weiterer gemeinsamer Aspekt ist die symbolische Bedeutung dieser Wesen. Einhornähnliche Kreaturen werden oft als Symbole für Reinheit, Weisheit, Frieden und Wohlstand betrachtet. Diese Symbolik variiert jedoch je nach kulturellem Kontext. In Asien stehen sie oft für Harmonie und Weisheit, in Afrika können sie sowohl schützende als auch bedrohliche Kräfte darstellen, und in Amerika sind sie häufig mit natürlichen Elementen und den Kräften der Natur verbunden.

Die Unterschiede liegen vor allem in der Darstellung und den spezifischen Eigenschaften der Wesen. Während das europäische Einhorn meist als pferdeähnliches Wesen mit einem einzigen Horn dargestellt wird, sind die asiatischen und afrikanischen Gegenstücke oft Mischwesen mit Merkmalen verschiedener Tiere. Diese Vielfalt in der Darstellung zeigt, wie flexibel und anpassungsfähig Mythen sind und wie sie sich den Bedürfnissen und Werten der jeweiligen Kulturen anpassen.

Fazit:

Einhornähnliche Wesen als kulturelle Spiegelbilder

Die Einhörner und ihre einhornähnlichen Gegenstücke in verschiedenen Kulturen bieten faszinierende Einblicke in die menschliche Vorstellungskraft und die Art und Weise, wie Mythen und Legenden entstehen und sich entwickeln. Sie spiegeln die universellen Sehnsüchte nach Reinheit, Magie und dem Übernatürlichen wider, während sie gleichzeitig die einzigartigen kulturellen Werte und Umweltbedingungen der jeweiligen Gesellschaften widerspiegeln. Indem wir diese Geschichten erforschen, gewinnen wir ein tieferes Verständnis dafür, wie Mythen uns helfen, unsere Welt zu interpretieren und unsere Träume und Ängste zu artikulieren.

Die Kommerzialisierung des Einhorns

Einhörner haben im Laufe der Jahrhunderte eine bemerkenswerte Transformation durchgemacht, von mystischen Kreaturen der Legende und Symbolen spiritueller Reinheit hin zu einem festen Bestandteil der modernen Konsumkultur. In diesem Kapitel untersuchen wir, wie Einhörner zu einem der bekanntesten und erfolgreichsten Marketing- und Werbesymbole geworden sind und welchen Einfluss sie auf die Konsumkultur und Mode ausgeübt haben.

Einhörner als Marketing- und Werbesymbole

Die moderne Kommerzialisierung des Einhorns begann schleichend in der Mitte des 20. Jahrhunderts, erreichte aber in den letzten Jahrzehnten einen Höhepunkt. Unternehmen erkannten das immense Potenzial des Einhorns als Marketinginstrument, da es mit einer Vielzahl positiver Assoziationen verknüpft ist: Magie, Reinheit, Seltenheit und Fantasie. Diese Eigenschaften machen das Einhorn zu einem idealen Symbol, um Produkte aufzuwerten und ihnen einen Hauch von Einzigartigkeit und Zauber zu verleihen.

Ein eindrucksvolles Beispiel für die erfolgreiche Nutzung des Einhorns im Marketing ist die Spielzeugindustrie. Einhorn-Spielzeug, insbesondere Kuscheltiere, Puppen und Accessoires, sind seit Jahrzehnten äußerst beliebt bei Kindern. Die Farbenpracht und der Glitzer, die oft mit Einhorn-Produkten verbunden sind, sprechen die kindliche Fantasie und den Wunsch nach Magie und Märchenhaftem an. Marken wie My Little Pony haben das Einhorn zu einem zentralen Element ihrer Produktlinien gemacht und damit weltweit riesige Erfolge gefeiert.

Auch in der Lebensmittelindustrie hat das Einhorn seinen festen Platz gefunden. Von Einhorn-Schokolade über Einhorn-Kekse bis hin zu Einhorn-Latte – die Vielfalt der Produkte ist schier unendlich. Einhorn-Themenprodukte versprechen nicht nur Genuss, sondern auch ein Erlebnis, eine kleine Flucht aus dem Alltag in eine bunte, glitzernde Welt. Diese Produkte sprechen insbesondere die jüngere Generation an, die nach einzigartigen und Instagram-würdigen Erlebnissen sucht.

Einfluss auf Konsumkultur und Mode

Die Popularität des Einhorns hat auch die Modebranche erfasst und tiefgreifende Spuren hinterlassen. Einhorn-Motive sind aus der Modewelt kaum noch wegzudenken und finden sich auf Kleidung, Accessoires und Schmuck. Besonders bei Kinderkleidung sind Einhorn-Designs äußerst beliebt. Sie vermitteln nicht nur einen verspielten und fröhlichen Look, sondern auch eine gewisse Unschuld und Reinheit, die viele Eltern für ihre Kinder wünschen.

Doch nicht nur Kinder profitieren von der Einhorn-Manie. Auch in der Erwachsenenmode tauchen Einhörner immer wieder auf, oft in Form von ironischen oder nostalgischen Anspielungen. T-Shirts, die mit Einhorn-Motiven bedruckt sind, oder glitzernde Einhorn-Turnschuhe erfreuen sich großer Beliebtheit und bieten eine Möglichkeit, der Ernsthaftigkeit des Alltags zu entfliehen und ein wenig kindliche Freude und Fantasie in das Leben der Erwachsenen zu bringen.

Neben der Mode hat das Einhorn auch die Schönheitsindustrie erobert. Einhorn-inspirierte Make-up-Produkte, von glitzernden Lidschatten bis hin zu bunten Haarfärbemitteln, ermöglichen es den Konsumenten, ein Stück des magischen Einhorn-Zaubers in ihren eigenen Look zu integrieren. Der Trend zu farbenfrohem und experimentellem Make-up spiegelt die Sehnsucht nach Individualität und Kreativität wider, die das Einhorn symbolisiert.

Die kulturelle Bedeutung des Einhorn-Hypes

Die Faszination für das Einhorn in der modernen Konsumkultur geht weit über das bloße Marketing hinaus. Sie spiegelt tiefere gesellschaftliche Strömungen und Bedürfnisse wider. In einer Zeit, die von technologischen Fortschritten und einer zunehmenden Virtualisierung des Lebens geprägt ist, sehnen sich viele Menschen nach etwas Greifbarem und Vertrautem, das gleichzeitig eine Flucht aus der Realität bietet. Das Einhorn, als Symbol für das Magische und Außergewöhnliche, erfüllt diese Sehnsucht perfekt.

Darüber hinaus hat das Einhorn als Symbol für Diversität und Individualität an Bedeutung gewonnen. In einer Welt, die immer mehr Wert auf Vielfalt und Inklusion legt, steht das Einhorn für das Recht auf Einzigartigkeit und das Ausleben der eigenen Identität. Diese Symbolik wird besonders von jüngeren Generationen geschätzt, die das Einhorn als ein Emblem der Freiheit und des Selbstausdrucks feiern.

Fazit:

Ein universelles Symbol der Moderne

Die Kommerzialisierung des Einhorns zeigt eindrucksvoll, wie ein mythologisches Wesen zu einem festen Bestandteil der modernen Konsumkultur werden kann. Durch seine positive Symbolik und seine Fähigkeit, sowohl Kinder als auch Erwachsene zu begeistern, hat das Einhorn einen festen Platz in der Welt des Marketings und der Mode eingenommen. Es dient nicht nur als Verkaufsinstrument, sondern auch als Spiegelbild gesellschaftlicher Trends und Werte. Die anhaltende Beliebtheit des Einhorns unterstreicht seine zeitlose Anziehungskraft und seine Fähigkeit, Menschen jeden Alters in eine Welt der Fantasie und des Staunens zu entführen.

Die Rolle des Einhorns

in der modernen Spiritualität

Einhörner haben nicht nur in der Popkultur und im Marketing eine bedeutende Rolle eingenommen, sondern auch in der modernen Spiritualität, insbesondere innerhalb der Esoterik und der New Age-Bewegung. In diesem Kapitel beleuchten wir die symbolische und praktische Bedeutung des Einhorns in diesen spirituellen Kontexten und untersuchen, warum diese mythischen Wesen gerade in unserer heutigen Zeit eine so starke Anziehungskraft ausüben.

Einhörner in der Esoterik und der New Age-Bewegung

Die New Age-Bewegung, die in den 1960er Jahren ihren Anfang nahm und seither kontinuierlich gewachsen ist, hat das Einhorn als eines ihrer zentralen Symbole angenommen. Diese Bewegung, die eine Mischung aus östlicher und westlicher Spiritualität, Mystik und persönlicher Transformation darstellt, findet im Einhorn ein perfektes Symbol für ihre Ideale und Praktiken.

Einhörner werden in der Esoterik und der New Age-Bewegung oft als Wesen hoher spiritueller Reinheit und Weisheit angesehen. Sie gelten als Beschützer der unsichtbaren Welten und als Führer auf dem spirituellen Weg. Ihre Symbolik umfasst Reinheit, Heilung und das Erwachen des inneren Potentials. Viele glauben, dass Einhörner die Fähigkeit haben, Menschen in tiefere Bewusstseinszustände zu führen und ihnen dabei zu helfen, ihre inneren Blockaden zu überwinden.

In der esoterischen Praxis werden Einhörner häufig in Meditationen, Visualisierungen und spirituellen Reisen herangezogen. Es wird angenommen, dass die Vorstellung oder das Visualisieren eines Einhorns helfen kann, das Herz zu öffnen und die Energiezentren des Körpers, insbesondere das dritte Auge und das Kronenchakra, zu aktivieren. Diese Praktiken sollen den Zugang zu höheren Dimensionen des Bewusstseins erleichtern und tiefgreifende spirituelle Heilung und Transformation ermöglichen.

Bedeutung in modernen spirituellen Praktiken

In der modernen Spiritualität hat das Einhorn einen festen Platz als Symbol für das Streben nach spiritueller Reinheit und der Verbindung zu höheren Kräften. Viele spirituelle Lehrer und Praktizierende nutzen das Einhorn als Metapher für das Erreichen eines höheren Bewusstseinszustandes und als Zeichen für die spirituelle Entwicklung.

Einige glauben, dass Einhörner als geistige Führer fungieren, die Botschaften des Lichts und der Wahrheit übermitteln. In dieser Hinsicht werden sie oft als Mittler zwischen der physischen und der spirituellen Welt betrachtet. Rituale und Zeremonien, die Einhörner einbeziehen, sollen dabei helfen, diese Verbindung zu stärken und spirituelle Einsichten zu gewinnen.

Ein weiteres Beispiel für die Rolle des Einhorns in der modernen Spiritualität ist seine Verwendung in der Kristallheilung. Kristalle und Edelsteine, die mit dem Einhorn assoziiert werden, wie zum Beispiel der Amethyst oder der Bergkristall, werden verwendet, um heilende Energien zu kanalisieren und das spirituelle Wachstum zu fördern. Diese Praxis basiert auf der Annahme, dass die Energien des Einhorns durch die Kristalle hindurch wirken und so ihre heilenden Eigenschaften verstärken.

Einhörner und die Suche nach dem inneren Kind

Ein interessanter Aspekt der modernen Spiritualität ist die Verbindung des Einhorns mit der Idee des inneren Kindes. Das Einhorn, als Symbol für Unschuld und Reinheit, wird oft in therapeutischen und spirituellen Kontexten verwendet, um Menschen zu helfen, wieder Kontakt mit ihrem inneren Kind aufzunehmen. Diese Verbindung soll dabei helfen, alte Wunden zu heilen, Kreativität und Freude zu wecken und eine tiefere Selbstakzeptanz zu fördern.

Durch die Arbeit mit dem Symbol des Einhorns können Individuen eine tiefere Ebene der Selbstliebe und des Selbstverständnisses erreichen. Diese Praxis betont die Bedeutung der Fantasie und der Magie als Mittel zur Heilung und zur Wiederentdeckung des inneren Friedens und der Freude.

Die Anziehungskraft des Einhorns in der modernen Welt

Die anhaltende Faszination für Einhörner in der modernen Spiritualität lässt sich teilweise durch die Sehnsucht nach etwas Außergewöhnlichem und Magischem erklären. In einer zunehmend rationalen und materialistischen Welt bietet das Einhorn ein Gegenstück – ein Symbol für das Unerklärliche und Wunderbare, das die menschliche Seele anspricht.

Das Einhorn verkörpert auch das Streben nach Ganzheit und Einheit, das viele Menschen in ihrer spirituellen Reise antreibt. Es repräsentiert eine ideale Welt, in der Harmonie, Frieden und Schönheit vorherrschen, und bietet so eine Flucht aus den Herausforderungen und Komplexitäten des modernen Lebens.

Fazit:

Ein Mythos mit tiefer spiritueller Resonanz

Die Rolle des Einhorns in der modernen Spiritualität zeigt, wie tief verwurzelt und vielseitig dieses mythologische Wesen in den menschlichen Psychen und kulturellen Praktiken ist. Vom Symbol für spirituelle Reinheit und Heilung bis hin zur Verkörperung des inneren Kindes – das Einhorn bietet unzählige Möglichkeiten für spirituelle Erkundung und persönliche Transformation. In einer Welt, die nach Bedeutung und Magie sucht, bleibt das Einhorn ein leuchtendes Symbol für das Streben nach dem Höheren und dem Wunderbaren.

Die ewige Magie des Einhorns

Der Mythos des Einhorns hat die Menschheit über Jahrtausende hinweg fasziniert und inspiriert. In diesem abschließenden Kapitel reflektieren wir über die wesentlichen Erkenntnisse, die wir auf unserer Reise durch die Geschichte und die Kultur des Einhorns gewonnen haben, und betrachten die anhaltende Faszination sowie die Zukunft dieses magischen Wesens.

Zusammenfassung der wichtigsten Erkenntnisse

Unsere Erkundung begann mit den frühesten Erwähnungen und Berichten über Einhörner, die sich in den Schriften antiker Gelehrter wie Ctesias und Plinius dem Älteren finden. Diese frühen Berichte, die oft auf den Beobachtungen von Reisenden und Naturforschern beruhten, legten den Grundstein für die mythologische Figur des Einhorns. Sie schufen ein Bild von einem seltenen und mächtigen Wesen, das sowohl Bewunderung als auch Ehrfurcht hervorrief.

Im Mittelalter erreichte die Faszination für Einhörner neue Höhen. Bestiarien und Tierbücher illustrierten das Einhorn als ein Symbol für Reinheit und Unschuld, oft in Verbindung mit christlichen Allegorien. Diese Darstellungen festigten das Einhorn als ein heiliges und mystisches Wesen in der kollektiven Vorstellung der Menschen. Die symbolische Bedeutung des Einhorns als Verkörperung von Tugenden und spirituellen Idealen blieb über die Jahrhunderte hinweg bestehen.

Die Renaissance brachte eine Wiederbelebung und Neugestaltung der Einhorn-Darstellungen in Kunst und Literatur. Einhörner wurden zu beliebten Motiven in Gemälden und Skulpturen, die oft komplexe und vielschichtige Interpretationen boten. Die Künstler dieser Zeit griffen auf die reichhaltige Symbolik des Einhorns zurück und integrierten sie in ihre Werke, um tiefergehende Botschaften über Schönheit, Mystik und menschliche Sehnsüchte zu vermitteln.

Mit der Aufklärung und der wissenschaftlichen Revolution änderte sich die Wahrnehmung des Einhorns. Naturforscher und Wissenschaftler begannen, die Existenz von Einhörnern kritisch zu hinterfragen und nach realen Vorbildern für die mythischen Berichte zu suchen. Das Indische Nashorn und andere einhornähnliche Tiere wurden als mögliche Inspirationsquellen identifiziert. Diese wissenschaftlichen Untersuchungen führten zu einer Entmystifizierung des Einhorns, ohne jedoch seine kulturelle Bedeutung zu schmälern.

Reflexion über die anhaltende Faszination

Warum übt das Einhorn auch heute noch eine so starke Anziehungskraft auf uns aus? Die Antwort liegt möglicherweise in der tief verwurzelten menschlichen Sehnsucht nach dem Wunderbaren und dem Unerklärlichen. Einhörner repräsentieren eine Welt jenseits unserer alltäglichen Realität, eine Welt voller Magie, Reinheit und Möglichkeiten. In einer Zeit, die von Rationalität und Technologie geprägt ist, bieten Einhörner eine willkommene Flucht in die Fantasie und die Träume.

Einhörner haben sich auch an die sich verändernden kulturellen und sozialen Kontexte angepasst. In der Popkultur des 20. und 21. Jahrhunderts erleben sie eine Renaissance als Symbole von Individualität, Freiheit und Andersartigkeit. Filme, Bücher und Spielzeug mit Einhorn-Motiven erfreuen sich großer Beliebtheit, insbesondere bei Kindern und jungen Erwachsenen. Diese moderne Interpretation des Einhorns als ein buntes, schillerndes und oft humorvolles Wesen spricht eine neue Generation an und hält den Mythos lebendig.

Die Zukunft des Einhorn-Mythos

Der Einhorn-Mythos hat sich im Laufe der Geschichte kontinuierlich weiterentwickelt und wird dies wahrscheinlich auch in Zukunft tun. In einer globalisierten Welt, in der kulturelle Grenzen verschwimmen und Informationen schnell ausgetauscht werden, wird das Einhorn weiterhin als ein universelles Symbol der Fantasie und Hoffnung bestehen.

Die zunehmende Integration des Einhorns in moderne spirituelle Praktiken, wie der Esoterik und der New Age-Bewegung, zeigt, dass dieses mythische Wesen weiterhin eine bedeutende Rolle im menschlichen Streben nach innerer Wahrheit und spiritueller Erfüllung spielt. Die Verbindung des Einhorns mit Reinheit, Heilung und Transformation bleibt relevant, da sie grundlegende menschliche Bedürfnisse und Sehnsüchte anspricht.

Einhörner werden wahrscheinlich auch in der Kunst und Literatur präsent bleiben, als Inspiration für Kreativität und Ausdruck von Idealen. Ihre Fähigkeit, verschiedene Bedeutungen und Symboliken zu verkörpern, macht sie zu einem flexiblen und anpassungsfähigen Motiv, das sich in verschiedenen Medien und Kontexten neu erfinden lässt.

Schlussgedanken:

Die ewige Magie des Einhorns liegt in seiner Fähigkeit, die menschliche Vorstellungskraft zu beflügeln und Hoffnung zu spenden. Vom antiken Indien bis zur modernen Popkultur hat das Einhorn einen langen und faszinierenden Weg zurückgelegt, stets begleitet von der Bewunderung und dem Staunen der Menschen. Die Geschichte des Einhorns ist eine Geschichte der menschlichen Kreativität und des Glaubens an das Wunderbare. Indem wir die Mythen und Geschichten über Einhörner bewahren und weiterentwickeln, bewahren wir auch ein Stück unserer eigenen Menschlichkeit und unserer Fähigkeit, an das Unmögliche zu glauben.

Über den Autor

Lutz Spilker wurde im Jahre 1955 in Duisburg geboren.

Bevor er zum Schreiben von Romanen und Dokumentationen fand, verließen bisher unzählige Kurzgeschichten, Kolumnen und Versdichtungen seine Feder.

In seinen Büchern befasst er sich vorrangig mit dem menschlichen Bewusstsein und der damit verbundenen Wahrnehmung. Seine Grenzen sind nicht die, welche mit der Endlichkeit des Denkens, des Handelns und des Lebens begrenzt werden, sondern jene, die der empirischen Denkform noch nicht unterliegen.

Es sind die Möglichkeiten des Machbaren, die Dinge, welche sich allein in der Vorstellung eines jeden Menschen darstellen und aufgrund der Flüchtigkeit des Geistes unbewiesen bleiben. Die Erkenntnis besitzt ihre Gültigkeit lediglich bis zur Erlangung einer neuen und die passiert zu jeder weiteren Sekunde.

Die Welt von Lutz Spilker beginnt dort, wo zu Beginn allen Seins nichts Fassbares war, als leerer Raum. Kein Vorne, kein Hinten, kein Oben und kein Unten. Kein Glaube, kein Wissen, keine Moral, keine Gesetze und keine Grenzen. Nichts.

In Lutz Spilkers Romanen passieren heimtückische Morde ebenso wie die Zauber eines Märchens. Seine Bücher sind oftmals Thriller, Krimi, Abenteuer, Science Fiction, Fantasy und selbst Love-Story in einem.

»Ich liebe die Sprache: Sie vermag zu streicheln, zu liebkosen und zu Tränen zu rühren. Doch sie kann ebenso stachelig sein, wie der Dorn einer Rose und mit nur einem Hieb zerschmettern.«

In dieser Reihe sind bisher erschienen

Die Erfindung der Namen
Die Erfindung des Bewusstseins
Die Erfindung des freien Willens
Die Erfindung des Wahrsagens
Die Erfindung der Körpersprache
Die Erfindung des Schlafs
Die Erfindung der Sklaverei
Die Erfindung der Angst
Die Erfindung der Vernunft
Die Erfindung des Vollmonds
Die Erfindung des Vitamin B
Die Erfindung des Make-Up
Die Erfindung des Weihnachtsfestes
Die Erfindung des Ku-Klux-Klan
Die Erfindung des Träumens
Die Erfindung der Flaschenpost
Die Erfindung der Mafia
Die Erfindung der Freimaurer
Die Erfindung der Freibeuter
Die Erfindung der Raumfahrt
Die Erfindung der Tempelritter
Die Erfindung des ADHS-Syndroms
Die Erfindung der Homöopathie
Die Erfindung der Freizeitparks
Die Erfindung des Werwolfs
Die Erfindung des Astralkörpers
Die Erfindung des Zölibats
Die Erfindung des Herkules
Die Erfindung des Vampirs
Die Erfindung der Philosophie
Die Erfindung des Bieres
Die Erfindung des Ungeheuers von Loch Ness
Die Erfindung der Prä-Astronautik
Die Erfindung des Voodoo
Die Erfindung des Stierkampfs
Die Erfindung des Sinns des Lebens
Die Erfindung des Einhorns

Zeitfracht Medien GmbH
Ferdinand-Jühlke-Straße 7
99095 Erfurt, Deutschland
produktsicherheit@kolibri360.de